黒川伊保子

子どもの脳の育て方

ＡＩ時代を生き抜く力

講談社＋α《プラスアルファ》新書

この本は、孫の兒太朗に捧げます。

２０５０年、28歳になるあなたの脳が、しあわせな充足感で満たされていますように。

もちろん、これから生まれる孫たちにも。

そして、ＡＩ時代を生きる、すべての子どもたちに。

はじめに　〜楽でリーズナブルな子育て論

「しあわせな天才脳」を育てる。
これが、私自身の育児のテーマだった。

いい脳の定義

１９９１年8月、人工知能のエンジニアとして8年ほど経ったある日、私は息子の「生きた脳」を手に入れた。ロボットとはまったく違う、その輝く生命力に、私は夢中になってしまった。

そこで私は、脳科学に携《たずさ》わる母として、ヒトの脳の力がいかなるものかを徹底的に分析した。

私は、人工知能のエンジニアとして、脳を装置に見立てている。脳とは「どのような入力に対して、どのような演算を行い、どのような出力をしてくる装置なのか」「どのような機能ブロックで構成されていて、どのように制御されている装置なのか」、そんなふうに。

その立場から言えば、いい脳の定義は明確である。すべての機能ブロックがうまく制御されている脳のことだ。その状態を、「外から見た状態」で言えば、次のようになる。

いい脳の持ち主は、「幸福な天才」である。「頭もいいけど、それ以上に運がいい人」と言われる人たちだ。

具体的に言うと、いつもしみじみとしあわせそうで、常に好奇心と意欲を失わず、健康で、穏やかで、温かい。おっとりして見えるのに、決断は早い。集中力があり、短いことばに説得力がある。頼りがいがあって、飾らない人柄なのに、なめてかかれない威厳を持っている。いつも、何かに感謝している。

自分の子どもを、こう育てたいとは思いませんか？　私は、こう育てたいと思った。

この人柄なら、どの道を行っても、うまくいく。道を究めれば、高い確率で超一流と言われることになるに違いない。けれど、それは直接の目的じゃない。

脳にとってなにより大事なのは、自己充足である。なぜなら、自己充足感とは、すべての機能ブロックがうまく機能したときの感覚だから。

そう、私は、息子の脳を「すべての機能ブロックがうまく機能する脳」に育てたかったのだ。彼の脳が、自己充足感とともに、幸福な一生を送れるように。

ちなみに、最近話題の「自己肯定感」は、日々自己充足している脳が自覚する感覚である。自己肯定感とは、ちゃんと動いてくれる、という「自分の脳に対する信頼」。他人に認められたから得られるものなんかじゃない。

ＡＩ時代が始まった！

息子がどんな学校に行って、何になるのか、そんなこと目じゃなかった。１９９１年当時、私はすでに、ＡＩを生み出したエンジニアの一人として、30年後のＡＩ時代を予想していた。１９９１年時点で想像できるエリートの道が、30年後あるいはもっと先に通用するとは思えなかったから。

「人の言うことを聞く、いい子」である必要もないと思っていた。「人の言うことを鵜呑みにして、褒められることを心の糧にして生きていく」優等生に、自己充足が訪れることがないのを知っていたから。

1991年、息子の誕生とともに始めた「自己充足度の高い脳」すなわち「しあわせ脳」の育て方研究の成果は、2006年に本に著した。本書の元となった『「しあわせ脳」に育てよう！』である。

それから17年が経った。息子を初めてかいなに抱いた日からは32年である。

今、『「しあわせ脳」に育てよう！』を読むと、幼い息子を抱く若き母だった日に戻ってしまう。そうして、あらためて今（2023年）を眺めてみると、まるで一気にタイムマシンに乗って、ここへやってきたような気がする。

そして驚かざるを得ない。だって、まさに私が予想した通りなのだもの。今、人間に必要とされている資質は、『「しあわせ脳」に育てよう！』のルールでこそ育つ資質なのである……！

というわけで、2006年の育児書に、新しい息吹を吹き込んで、AI時代を生き抜くヒーローたちの親御さんに贈りたいと思った。それが、この本である。

一応の実験結果

『「しあわせ脳」に育てよう！』の理論で育った我が息子の自己充足度の高さは、天下一品だ。

物理学を学び、自動車設計の会社を経て、現在は、我が社で経営とコンサルティングの仕事をこなしている。研究員としても、みずみずしいアイデアをいくつも提供してくれている。

週末は、仲間と日光足尾の森で遊んでいる。ウッドデッキ、山小屋、サウナまで自ら設計して建て、畑を作り、釣りをし、狩りもする。彼の森で採れる山椒は、我が家の糠床に欠かせない宝物だ。そうと知らずに買った森だけど、山椒の有名な自生地の一部だったのだそう。

彼自身の息子（私の孫息子）が小学生になったら、森の木を切り出して、一緒に舟を作るのだそうで、舟づくりの本も虎視眈々と読んでいる。孫息子の夏休みの自由研究のテーマにする計画で（1年生のときは設計図、2年生のときは模型づくり……と進め、6年生までに実際に近くの湖に浮かべるのだとか）、その完成体を小学校にトラックで運びこむ日のことを考えて、にんまりしている。

好奇心旺盛な男子を一人育てた私としては、「あなたの夢が、彼の好奇心をかき立てるとは限らないわよ。たいてい、父と子は、正反対の感性を持つから」と忠告しているが、想像するだけで楽しいらしい。

さて、この息子が、生成ＡＩを上手に使う。彼の質問力が最高なのだ。

ＡＩは、情報空間に偏りがなく何でも知っているので、つまらない質問をすれば、たいして面白みのない優等生的な回答をくれる。しかし、個性的な質問をすれば、その人にしか引き出せない、素敵な回答をくれるのである。ＡＩとともに生きる人間には、そのセンスが不可欠になってくるわけ。

ユーモアとペーソスと愛と慈しみに満ちた対話力。「え、そこ？」「こうきたか」とうならせるような質問力。それさえあれば、ＡＩを手下にして、みずみずしい発想力と、たしかな実行力を手に入れられる。まるで、魔法のランプの魔人を操るアラジンのように。

彼には、ジャスミン姫のようなタフでセクシーなおよめちゃんがいて、二人を見ていると、ＡＩ時代をひらりと飛び越えていく、魔法のじゅうたんが見えるようだ。

というわけで、たった一例で申し訳ないが、一応の実験結果としてお伝えしておこう。

ちなみに、２０２３年8月7日、経済産業省がＡＩ人材育成の新たな指針策定に乗り出したことを発表した。その方針の中で、生成ＡＩを使いこなす人材に必須のスキルとして、「対話力」があげられている。脳科学的に厳密に言えば、「母語の対話力」であり、「質問力」あるいは「問いを立てる力」と言い換えてもいい。

なお、質問力は、本書の第I章「金のルール」の「読書の効能」と、第Ⅲ章「銀のルール」の「なぜなぜ期」に書いてあることを遂行することで育成することができる。

楽でリーズナブルな子育て

32年前、脳の機能ブロックの分析を進める人工知能エンジニアの母として、「すべての機能ブロックがうまく制御されている脳」にしてやりたいと願った——そんなふうに言うとカッコイイけど、じつはそんなスマートな話じゃない。

32年前はまだバブルの真っ最中、早期教育がヒートアップしていた頃で、幼子に、英語・ピアノ・スイミング・進学塾……と、与えられる限りのことをしてやるのがブームだった。私自身は、働く母として忙しく、エンジニアのお給料は決して高くないから、そんな世間の風潮についていけなかったのである。

ならいっそ、お金も時間もかけないで、合理的かつ親のストレスも小さく「すべての機能ブロックがうまく制御されている脳」に育てる方法を考えてやろうじゃないか、と思い立ったというのが正直なところだ。それがたまさか、30年後の時代の風に合致したのである。

そんなわけで、本書に書かれている子育て法は、楽でリーズナブルである。合理的でストレスレスだから。

もちろん、子育て指南本だから、するべきことは書いてある。何もしなくていいわけじゃない。でもそれは、「それをしたほうが、後が楽」だからだ。

子育てに後悔はいらない！

本書には、「これをするといい」、あるいは「これはしないほうがいい」という書き方がしてある。ときには、「〇歳までに、ぜひしてほしい」という書き方も。

そうすると、「それ、やっちゃった」「間に合わなかった」と後悔する方もいるのではないかしら。

先に宣言しておくね。子育てには、決して後悔はいらない。〇歳までにしておくといいと書いたことのほとんどは、何歳からでもマスターできる。ただ、多少根気がいるだけのこと。

やっちゃったことも後悔しなくていい。そのおかげで、子どもの脳には、個性が生まれる。本書には、好奇心に導かれてどこまでも行くしあわせ脳の育て方が書いてあるけど、責務を遂行するためのクールな実行力については、ちょっと手薄になる傾向だし。

それにね、なににせよ、親がよかれと思ってやったことに、基本、間違いはない。あなたの遺伝子を受け継いだ（たとえ血縁がなくても、強い縁であなたのところにやってきた）子どもたちである。あなたの脳と、感性や思念の波動が、きっと共振しているはずだもの。

子育て中の親たちは、本当に忙しい。なのに、山ほどの育児情報に押しつぶされそうになる。それでも必死に頑張ってるのに、子どもが思い通りになってくれない。そんなふうに感じていたら、ぜひ、読んでみてほしい。

子育ての方針は、人それぞれ。本書の通りにしなくてもいいけど、「力の抜き方」がきっとわかるはず。

ＡＩとともに生きる人類には、頑張りすぎる必要がない。「しあわせな子育て」で育った「しあわせ脳」が活躍できる時代だから。

どうか、子育てを楽しんで。

そのために、この本がある。

目次

第Ⅱ章 AI時代の子育てに欠かせないセンス

第Ⅲ章　銀のルール

1　「感じる力」調整期（0～2歳）　112

第Ⅳ章　大切なあなたに、伝えたいこと

第I章　金のルール

この章では、脳をうまく制御するために、日々実行してほしい生活習慣を述べる。私たちの脳の中では、脳神経信号を強めるアクセル役のホルモンと、脳神経信号を抑制するブレーキ役のホルモンがうまく連携することで、知恵やセンスを作り出し、記憶を定着させている。

脳神経信号を制御するホルモンが、出るべきときにうまく出ていること。じつのところ、脳をうまく動かすコツはそれに尽きる。つまり、自己充足のカギは、ホルモンにあるってこと。そして「早寝をしないとうまく出ないホルモン」「早起きをしないとうまく出ないホルモン」などがあるため、ホルモン分泌のカギは生活習慣にあるのだ。

そもそも、**やる気、好奇心、集中力、発想力、ついでに言えば高身長としなやかな筋肉——これらすべてが、ホルモンによってもたらされているってこと、知ってました?**

脳にとって、あまりにも重要なルール（とりあえず、これだけ守っておけば間違いがない子育てルール）……というわけで、私は、ホルモン制御のための生活習慣を、《金のルール》と呼んでいる。

金のルール、それは、「早寝、早起き、朝ごはん、適度な運動、そして読書」である。

あまりにも古典的かつ普遍的なルールで、笑っちゃった人もいるのではないかしら。「そんなこと、何をいまさら黒川先生」って、突っ込みを入れたりして(微笑)。

私自身、愛する息子のために脳の研究を何年も重ねたあげく、この結論に達したときは、「なんなの〜。だったら、保育園の先生の言うことを、ちゃんと聞いてりゃよかっただけじゃん」と、ちょっとがっかりした。私と息子だけの子育てルールが見つけられるのを期待していたから。

ところが、いやいや、これがなかなか、脳科学で解説されると、子どもたちのために真剣にならざるを得ない緊張感に満ちてくる。どうか、ここでやめないで、読み進めてほしい。

1　早寝の効能

私たちの脳には、ホルモンの中枢司令塔がある。視床下部、そして脳下垂体と呼ばれる器官たちだ。これらは、視神経にまとわりつくようにして存在する。逆の言い方をすれば、私たちの脳では、ホルモンの中枢司令塔に、視神経が突き刺さっているのである。

網膜に光が当たれば、視神経が緊張する。網膜が光刺激から解放されれば、視神経が緊張からほどける。そんな視神経の情報を、ホルモンの中枢司令塔が受け取って、分泌するホルモンが切り替わっているのである。

日没後、網膜が光刺激から解放されると（暗さを感じると）、メラトニンというホルモンが分泌してくる。メラトニンは、意識領域の信号を鎮静化し、眠りを誘うホルモンだが、私は「脳を進化させるホルモン」と呼んでいる。なぜなら、**脳は眠っている間に進化する**からだ。

反対に、網膜に朝日が当たると、セロトニンというホルモンの分泌が加速する（分泌量がどんどん増える）。セロトニンは、脳内全体に信号を起こしやすくし、爽やかな寝覚めを作り出すホルモンである。

メラトニンがブレーキ役なら、セロトニンはアクセル役。この二つ、名前も似ているが、じつは密接に関連するペアのホルモンで、光と闇の反復にうまく乗っかって、脳が最大限に活性化するよう、うまく取り計らっているのである。脳を育てるなら、この二つのホルモンの恩恵に浴さない手はないわけ。

ホルモンの時間依存性

この二つのホルモンには時間依存性があり、何時に寝ても（起きても）効果が同じというわけにはいかない。だから、金のルールのワンツートップは、早寝、早起きのススメなのである。

メラトニンは、網膜が暗さを感じていることが分泌の必要条件だ。特に真夜中は、できる限り闇の中にいてほしい。携帯端末などを凝視したまま午前0時をまたぐと、残念ながら分泌量が少なくなってしまう。

セロトニンは、日本の緯度だと9時台くらいまでの朝の光刺激によって加速するホルモンで、遅く起きると、効果が薄くなってしまう。

朝の光は特別に緊張度が高い。なにせ、地球の回転方向＝東からさしてくる光だからね。そう、光のドップラー効果である。音のドップラー効果は、誰でも日常に体験しているはず。車で救急車とすれ違うとき、向かってくるときは「ピーポー、ピーポー」と甲高い音なのに、すれ違ったとたんに「へ〜ほ〜、へ〜ほ〜」と一気に緊張度が下がる。そして、近づいてくる波動は、音にしろ光にしろ、緊張度が高くなる。私たちは常に、時速約1700キロで東に向かって移動しているのである。そう想像すると、朝日の緊張度の高さが、リアルに迫ってきませんか？

朝日は特別。その高い緊張感が、私たちの脳のスイッチを一気に入れてくれる。そう腹に落としておいてください。もったいなくて、寝ていられなくなるから（微笑）。

この後、セロトニンの効用をお話しすると、さらに、朝日の大切さを痛感するはず。とはいえ、夜勤を余儀なくされている方は、そんなわけにもいかないでしょう。でも大丈夫、その場合は、代替手段がある。

要は「視神経が格別の刺激を感じる」ことが大事なので、光と闇の落差を大きくしてやること＝「遮光カーテンなどで闇を作って眠り、寝起きに、眩しいくらいに明るい光を目撃する」ことで代替できる。電機メーカーの実験でもその効果が確認されているし、実際、その方法で、目覚めがよくなるケースが多い。ただし、その「眩しいくらいの明るい光」を、寝る前に煌々《こうこう》と点けることはやめてほしい。

視神経の刺激反応には、個人差があるので、遮光カーテンなんて大げさなことをしなくても大丈夫な人もいるはず。自分が「寝起きの爽快さ」に満足しているのなら、脳はちゃんと活性化しているので、そう心配しなくていい。

特に大人の脳は、脳が生活習慣に順応していたりもするので、「別に早寝、早起きなんてしなくても、僕の脳はめちゃいいです！」という方もいるだろう。脳が自己充足している人に、私は何も言うつもりはない。

ただし、だからうちの子も大丈夫、とは思い込まないでほしい。もちろん、子どもたちの中にも、遅寝、遅起きに耐性のある子が絶対にいないとは言わないが、やはり成長期の脳には、最善の環境をあげたいもの。

私たちの棲む地球は、何億年も昼と夜を繰り返してきた惑星だ。その地球で進化してきた脳は、光と闇の繰り返しの中で進化してきたのである。１００年ほど前から、人類は、夜中も昼間のように明るく過ごす手立てを手に入れたけれど、そして、ここ20年ほどは、「高輝度、高密度の画面をスクロールさせながら動画を観る」という夢のようなテクノロジーも実現したけれど、脳はまだ、闇と光の切り替えを必要としている。

3歳までは自由にしていていい

ところで、私は、4歳未満の幼児に「早寝、早起き」を言わない。理由は、彼らは、自分のペースで生活すべきだからだ。そもそも、眠りの時間依存性は6歳から始まる。6歳まではメラトニンいらず。いつでも、上質の睡眠ができる。

幼児の脳は、頻繁に睡眠を必要としている。脳は、起きている間の新たな経験を、眠っている間に整理して知識にしているのだが、幼児というのはいつも新しい体験をしているので、頻繁に眠たくなるのである。

新しい体験をする（生まれて初めてうどんを食べる）、眠って知識にする（咀嚼《そしゃく》した感覚を脳に植えつける）、起きてまた新しい体験をする（レースのカーテン越しにゆれる春の光を見る）、眠って知識にする（その光の美しさと、お母さんが「春ね」と語りかけてくれたことばを反芻《はんすう》する）、そうやって、どんどん知識を構築しているのだ。

よく「知識を吸収する」という言い方をするが、あれは違う。知識は寝ている間に構築されるのである。起きている間の学習や体験は、脳に「データとして記録されている」にすぎない。その場で吸収されるわけじゃない。

眠りのリズムには、けっこう個人差がある。起きている間の体験の、脳にとっての密度によって、眠りのリズムは微妙に変化するし、軽い眠りを頻繁に必要とする子と、深い眠りで一気にすましてしまう子がいる。これは脳の性質によるものなので、どちらがいいとも言えない。

ただ言えるのは、昼であろうと夜であろうと、彼らの脳が睡眠を必要とすれば、彼らは勝手に眠る。その自発的なペースが、幼児期の脳にはとても重要だということだ。早寝が必要というより、「自然に眠くなり、そのつど寝られること」が重要。早寝させようとして、あえて夕方寝を阻止する必要はない。

しかし、大人たちが、夜に煌々と部屋の電灯を照らし、大音量でテレビをつけていたりすれば、彼らの脳のペースそのものがくるってしまう。自然に眠くなるはずのシーンで、変に覚醒してしまうことになる。同じ理由で、4歳未満の子に、お稽古事の忙しいスケジュールを押しつけるのも疑問である。

夜は暗く静かに、朝は朝日を部屋に入れて、昼間は陽だまりでゆったりまどろむ。人類の子どもたちが何千年も繰り返してきた自然な暮らしの中で、自分の脳のペースでもって、自分という存在を知り、自分を包み込んでいる「世界」というものがあるのを知ること。それが、人生最初の3年間にすべきことなのだ。

たった3年で、自我と外界の認識の基礎を作るのは意外に忙しい。やわらかな春風に人々の気持ちがほどけることや、夏には木々に生命力が吹き出して、人々の気持ちが開放的になること。そんな情緒の基礎の基礎も、この時期に獲得する。一見「ほえ〜」としているようだけど、寝ても覚めても幼児脳はフル回転なので、幼児というのは基本的に暇でなくちゃいけない。「早寝、早起き」でさえも、外部からの操作である以上、あまり強制はしないほうがいい。

このような脳の出来事を知る者としては、3歳までの超多忙な幼児脳に、英才教育を施す理由が、皆目わからない。

先ほど、ちらりと言ったが、眠りの時間依存性は6歳から。ということは、6歳までは、ちょっとは大目に見てもいいってことだ。

とはいえ、6歳までには生活習慣が身についていることが好ましいので、4歳くらいからは、早寝、早起きが生活のメインテーマになってくることは間違いがない。ただ、たまの夕方の寝落ちに、鬼の母にならなくていい、って話。大人の都合で起こすのは、その家の流儀でやればいいが（夕方の寝落ちをたたき起こしたからって、脳の進化が全部止まるわけじゃない）、「黒川先生が夜中に寝させろって言ったから」と、寝せてあげたいのに涙を呑んで起こさなくていいからね。

というわけで、3歳までの幼児期と、13歳以上の思春期は、彼らの脳のペースを優先してやるとき。そう考えると、親が子どもの脳に、能動的かつ意図的に、しっかり何かしてあげられるのは、4歳から12歳までの9年間にすぎない。しかも、脳には自分で育つ力が備わっているため、実際に親ができることは、脳の成長のサポートにすぎず、その最良の手段は「早寝、早起き、朝ごはん、適度な運動、そして読書」に尽きる。これは、子どもの脳にとっては最上の黄金ルールであり、親たる者の最低限の義務である。

リラックス、リラックス

これから、生活習慣の重要性を、さらに明確にしていく。

すると、真面目なお母さんは、「早寝、早起き、朝ごはん」教の信者みたいになっちゃうことがある。「今夜は12時まで起きていたから、子どもの脳を2時間分ダメにした」とか「朝ごはん食べなかったから、今日の授業は無駄になる」とか、できなかったことを数え上げて、ノイローゼみたいになってしまう方が、たまにいる。

そこまで思いつめる必要はないので、どうかリラックスしてほしい。脳は意外にタフな装置なので、たまにできなかったことくらい、いつの間にか挽回している。知っているのと知らないのでは、累積ではずいぶん違う。それで十分。

人間だから、機械のタイマーのようなわけにはいかない。眠れない日もあれば、食欲のない日もある。子どもも自分も、追いつめないでほしい。

脳は眠っている間に進化する

では、あらためて、眠りの効能について話そう。

脳は、眠っている間に進化する。そう、私たちの脳は、眠っている間に、よくなっているのだ。よく眠る＝頭がよくなる&背も伸びる——という、子育ての公式があるのである。

脳には、海馬と呼ばれる器官がある。記憶と認識をつかさどる器官で、知識データベースにして、知識工場でもある。

海馬は、脳の持ち主が起きている間は忙しい。私たちは、常に周囲を認識し、なにかしら考えているでしょう？　ぼうっとしているときでも、周囲の音や気配を感知しているし、座禅で無我の境地になれと言われたって、雑念がなかなか消えないのは、経験者なら誰でも知っているはず。

このため、海馬が知識工場になる（知識を整理したり、センスを作り出したり、新たな記憶を定着させたりする）のは、脳の持ち主が眠っている間なのである。

勉強して、知識を詰め込んでも、寝るまでの間は、脳に一時的にキープされたデータにすぎない。寝ている間に、海馬は、起きている間の出来事を反芻して吟味し、記憶として定着させたり、ほかの記憶と統合整理して抽象化し、センスを作り出したりもする。

学校の勉強は、最初から「知識」のかたちで習う。けれど、これもまた海馬が整理して知識化するまでは、脳にとっては短期間キープされる記憶にすぎない。引き算を習った晩、子どもの脳は、引き算の構造を知識化する。足し算の知識と照らし合わせているうちに、数の世界の簡潔な美しさに目覚めたりする。そこには、教師や親の想像を超える知の営みがある。

「勉強」は、睡眠によって完成する。勉強を超える奥深い知性も、日常に役立つ生活の知恵も、睡眠中に作られる。

子どもの安らかな睡眠の確保は、親の重要な義務だってこと、わかっていただけましたか？

ちなみに、海馬は、脳の持ち主が生きている限り働き続ける。アイデアやインスピレーションを生み出すためには、成長期でなくとも、夜ごとの海馬の支援は重要だ。各界のプロフェッショナルが発揮している勘やイマジネーションも、海馬が働かなくては維持できない。

だから私は、アイデアが出なくなったら潔く眠ることに決めているのだが、アーティストやデザイナー、事業家や学者などの中には「考えに詰まったら寝る。寝起きに必ずアイデアが浮かぶ」という人はかなり多い。眠る、というのは、かなり高度で上質な知の行為なのである。

昔からのことわざで、「果報は寝て待て」とはよく言ったものだ。別のことわざに「下手の考え休むに似たり」というのがあるが、脳科学的見地からしたら「下手の考え休むに劣る」が正解。休むと同じどころか、休んだほうがずっと賢いのだから。

教え子たちの学習時間を調べた、ある高校の先生は、「東大現役合格組の夜の学習時間の短さに驚かされた。皆、よく眠っているんです」と証言している。私が人工知能の研究機関で一緒になった数学者たちにも、「夜中に勉強したことがない」という人がけっこういて驚く。「眠っている間に、難問が解けるしね」という理系人も多い。

私にも、受験勉強をしていた頃、解けなかった物理や数学の問題が眠っている間に解けた経験が何度もある。眠っている間にも、脳は働いているんだなと思ってたけど、「眠っている間だからこそ」だったわけだ。

座学の勉強だけじゃない、運動センスだってそうだ。

昨日までできなかったドリブルができたサッカー少年。その身体の動かし方の記憶も、起きている間ではなく、眠っている間に深く定着させることになる。さらに、ほかの技との共通点を括りだして、運動センスに変えたりもしているはず。

もちろん、日々のコミュニケーションなど、生きていくためのさまざまな学びも、眠っている間に洗練され、定着していくのである。

つまり、眠りは記憶力を担保し、あらゆるセンスを作り出し、明日の想像力の源になっている。そして、運動センスや生きる力まで。つまり、**眠りを作り出すメラトニンは、脳を進化させ、生きる力を作り出すホルモンと言っても過言ではない。**

そして、それだけじゃない、眠りと目覚めのリズムは、成長ホルモンや生殖ホルモンにも、大きく影響しているのである。

たとえば、男性の生殖ホルモン、テストステロンは、闇の中で寝て、朝日とともに起き、一日の終わりに肉体疲労があることで、分泌が加速されると言われている。ホルモンの中枢司令塔に視神経が突き刺さっている以上、多くのホルモンが、「早寝、早起き」の恩恵を受けていることは否めない。

身体も眠っている間に進化する

骨と筋肉の新陳代謝を促す成長ホルモンも、同様に、睡眠に密接にかかわっている。成長ホルモンは一生分泌され、大人にとっては美肌やボケ防止の秘訣となるありがたいホルモンだが、その性質上、大量分泌期に突入するのは6歳。そこから13〜14歳くらいまで絶頂期をキープし続け、個人差はあるが普通は17歳くらいまで潤沢に分泌されている。

つまり、4〜17歳までの睡眠は、脳のみならず体格の成長にとっても重要だということになる。昔から「寝る子は育つ」とはよく言ったもの。やはり、先人の知恵は軽視できない。

私自身は、中学の入学当時150センチなかった身長が、卒業式には165センチにまで伸びた。その間、何度か、夜中に膝にぐっと縦に引っ張られたような感覚があって目が覚めた。股関節にも同様の感覚があり、このときは痛みが朝になっても消えず病院に連れていかれたが、「いわゆる成長痛」だと言われた。「骨が夜、寝ている間に伸びる」、これは身長の急成長を遂げた人たちには、なじみの感覚である。

人間は直立しているので、起きていれば、頭の重さが背骨に、上半身の重さが骨盤と脚にのしかかる。骨細胞が増殖しようにも、重しが乗っていては難しいというのは、物理的に容易に想像がつく。

では、寝床に横になっていたら、ゲームをしていてもいいのかというと、これがそうでもないのである。やはり、網膜に余分な光刺激がない状態で真夜中を過ごさなくてはならない。眠っているのが最善で、穏やかな光の下で読書をするくらいはきっと何とかなるが、真夜中の午前0時に、ゲームやSNSに興じているのは看過できない。

眠りのゴールデンタイム

先にも述べたが、眠りを誘うメラトニンには、時間依存性がある。午後10時から午前2時の4時間に分泌が加速し、2時の時点の分泌量を朝の6時までキープする、という傾向にある。つまり、**夜の10時には入眠していて、朝の6時前に目覚める――これが眠りのゴールデンタイム**。

眠りの進行には個人差があり、時間依存性がそれほど強く出ない人もいる。とはいえ、この「眠りのゴールデンタイム」は、つい70年ほど前まで、ご先祖様が延々と眠ってきたスタイルだ。万人にとって、決してマイナスではないはず。

というわけで、まずは、人類平均の「眠りのゴールデンタイム」で、子どもたちの生活を整えよう。

塾や部活の関係で無理な場合には、後ほど、メラトニンの分泌をより加速させる方法について述べるので、それを順守しながら、微調整してほしい。いずれにしても、真夜中てっぺん＝午前0時は、入眠して越えてほしい。つまり、睡眠を削るなら、朝型シフトにしてほしいのだ。

日没後の過剰な光刺激に気をつけよう

午後10時から午前2時のよい眠りを子どもたちに与えるためには、その3時間前くらいから、過剰な光刺激に気をつけてあげたい。

メラトニンの分泌は、日没後、網膜に当たる光刺激が減じると始まる。昔は電灯も暗かったので、子どもたちは夜8時にもなれば、真夜中のような気がしていた。今は、高輝度・大画面のテレビを観ていたりするから、昔のようなわけにはいかないよね。

でも大丈夫。脳には、目が覚めてセロトニンの分泌が始まった約15時間後、セロトニンがメラトニンに変化して、メラトニン分泌が始まるという仕組みも用意されている。つまり、朝6時に起きれば、夜9時には自然に眠くなる、というわけ。早起きが、早寝を誘発してくれるのだ。

夜9時以降のゲーム・SNSは禁止

現代生活の中で、日没後、テレビ禁止は難しいと思うけど、せめて、ゲームやSNSは、夜9時以降は避けてほしい。というのも、高輝度の携帯端末を凝視すると、眠ってから1時間も視神経の緊張がおさまらないことがあるからだ。10時に電源を切って、すとんと寝ても、11時に寝たことになっちゃう。もったいないでしょ？

我が家の息子には、日没後のゲームは禁止した（彼の子ども時代にSNSはなかった）。代わりに、明け方、ヨーロッパの大人たちと、ネットゲームをしていたっけ。

彼に夜中のゲームを禁じた理由は、主に身長のため。勉強はいくらだって挽回できるけど、身長は無理だから。特に、男の子の身長を一気に押し上げるのは、14歳から16歳までの3年間だけ。身長が欲しいのなら、四の五の言ってる暇はない。

私自身は息子にこう言っていた。「あなたが夜にゲームをしないで午前0時までに寝るのなら、『勉強しなさい』は一切言わない。脳が勝手に進化してくれるはずだから。けど、そのルールを守らないなら、勉強は倍しなきゃ追いつかないから、うるさく言うよ。覚悟してね」って。面倒くさがりの息子は潔く、とやかく言われない道を選んだ。

リスクに敏感な男性脳には、「夜にゲームをしたら（だらだら夜更《よふ》かししたら）、今日伸びるはずだった身長がゼロになるし、今日の勉強が無駄になる。それでもいいの？」もよく効く。特に、身長の最後の伸びが気になる思春期には。

最近は、韓流をはじめとするアジア系の美女たちも高身長なので、女の子にも効くのだが、女子の身長は、初潮前に一気に伸びることが多いので、いわゆる思春期じゃ少し遅い。このセリフを言うのなら、小学生のうちからどうぞ。

トイレの照明や、電子機器の小さな光にも気を配ろう

ちなみに、意外に盲点なのが、部屋の灯りだ。

リビングの電灯が明るすぎない？　廊下やトイレは大丈夫？

私は、50代半ば以上の友人知人から、「眠りの質が悪い。夜中にトイレに起きて、そのまま眠れなくなる」という相談を受けると、必ず「トイレの電気、明るすぎない？」と質問する。掃除のときに隅々まで見えるような明るさだと、加速し始めたメラトニンの分泌を阻止してしまうこともある。年配者ほどではなくても、若い人たちにも多少の影響はある。

我が家は、夜は、足元の人感センサーランプのみ。トイレの照明は点けない。これ、けっこういい感じ。人感センサーランプは、ネットで1000円くらいから探せるので、ぜひ試してみてほしい。

トイレが寝室から遠いときは、廊下や階段の電気にも、同様の配慮があってもいいと思

う。

それと、暗闇の中で光る電子機器たち――携帯の充電ランプ、ワイヤレスイヤホンの充電ケースの点滅、加湿器、パソコンやテレビの通電を知らせるボタン、時計などなどは、案外、目に飛び込んできて刺激になる。ときには、瞼《まぶた》越しにも影響する。最近は少なくなったけど、天井灯の豆電球も同様。

子どもたちの瞼に直接当たる、電子機器の光がないかどうか、確認してほしい。動かせないのなら、ついたてを置いたりシールを貼るなど工夫して。

都会のマンションなんかでは、外のネオンサインや街灯もくせものである。少しでも入るなら、遮光カーテンを使ってしっかりカバーしよう。

バスタブにつかると、睡眠の質が上がる

大学の教育学部付属高校で、生徒の生活習慣について、何年にもわたって調査してきた先生から、「東大現役合格組の生徒たちは、全員、夜お風呂に入る習慣があった」と教えてもらったことがある。「試しに、朝シャワー派の子どもたちに、1ヵ月、夜お風呂に入ってもらったら、全員、実力テストの偏差値が上がった」とも。

後に、睡眠学では「お風呂に入ると、眠りの質がいい」のは常識だと知った。バスタブにつかると、体表面の温度が一気に40度に迫る（我が家の設定温度だと40度を超える）。これは、脳としては、かなり危機的事態なのである。このまま、体内や脳の深部温度が40度を超えたら、正常に機能を維持できないからだ。このため、脳は、脳内深部温度と体内深部温度を一気に下げようとするのである。結果、脳神経信号が沈静化の方向に向かい、内臓の働きも穏やかになって副交感神経優位となり、眠りへと向かうのだ。ときには、メラトニンの分泌量が数倍になることもあると聞く。

というわけで、夜お風呂に入ることを熱烈オススメしたい。

入る時間や温度の適正値については個人差があるため、「気持ちよく眠れる入浴時間」を自分で探してほしい。子どもたちのそれも、見極めてあげよう。

目安としては、多くの人が快適に感じる、寝床に入る1時間半前。ここから、早めてみたり、逆に遅めてみたりしてみて。あまり変わらないようなら、好きな時間に入ればいい。

家にバスタブがない、あるいは、幼い子どもたちと夕方入浴してしまうので自分の就寝に向けた入浴ができないなど、お風呂に入れない事情がある場合は、足湯という手もある。

通常の入浴温度より、2~3度高めのお湯を、バケツに溜めて足を入れ、少量でいいのでかけ流しにする。そうして3分ほど過ごす。すると、バスタブにつかるのと同様の効果が得られることが、実験でわかっている。

受験勉強で疲れて、お風呂に入る元気もない——そんな受験生には、足湯を試してあげてほしい。せっかく勉強して仕入れたデータを、確実に記憶として定着させてあげたいから。

入眠習慣を持とう

寝る前に必ずやることを、作っておいたほうがいい。

というのも、脳はかたちから入るのが得意なので、「いつも、寝る前にやること」を踏襲すると、多少興奮して眠れない晩でも、脳があきらめて、眠りのモードに入れるからだ。

欧米の子どもたちは、人肌に温めたミルクをもらうことが多い。欧米では、メラトニンが豊富に入ったナイトミルク(深夜、真っ暗闇の中で搾乳するミルク。メラトニン分泌中の牛から絞ったミルクだ）を飲む習慣があるから。

ナイトミルクじゃなくても、牛乳のタンパク質とカルシウムは、骨の成長の材料にもなるから、ホットミルク習慣はきっと悪くない。

パジャマに着替える、トイレに後ろ向きに歩いていく、ストレッチをする――なんでもいい。要は、習慣にしておくこと。

緊張する受験の前の日にも、入眠習慣のおかげで、いつもの眠りの質が確保できたりする。

私自身は、読書である。幼い頃は、毎晩、母に本を読んでもらっていた。私が小学校3年生になるくらいまで、母は、毎晩毎晩、少年少女文学全集の中の一節を、読み聞かせてくれていた。私も、毎晩、息子に本を読んだ。本好きの私は、たいてい情感たっぷりの読み聞かせになってしまって、かえって息子を興奮させ、結局おっぱいで眠らせる日々だったけど（苦笑）。

寝る前に、起きる時間を思う

寝る前に、明日、何時に起きるかをしっかり思い浮かべよう。

私たちの神経系には、時間を直感的に感じ取り、おおよそ24時間を把握する体内時計と呼ばれる仕組みがある。起きる時間を決めると、脳は、この体内時計を使って、「明日起きる時刻」までのおおよその時間幅をつかみ、その時間にちょうど目覚めるような、効率のいい睡眠プログラムを用意するのだそうだ。そして、睡眠中、そのプログラムを遂行する。

ということは、起きなきゃいけない時間がある以上、その時間をしっかり自覚して寝たほうが合理的でお得なのである。

起きる時間を他人任せにしておくと、運が悪ければ、脳が深い睡眠の中で油断しているときに、いきなり起こされることになる。これって、脳のプログラムの強制終了なので、神経系にストレスがあってつらいはず。

赤ちゃん時代のように、自発的に起きるまで寝かせておけるならいいけど、どうしたって起こさなきゃいけない生活では、小さな子どもにも「明日、○時に起きようね」と声をかけてあげてほしい。そして、朝起きたら、「○時だ、ちゃんと起きたの、えらいね」とか「○時だね、ちょっと寝過ごしたかな」のようにフィードバックしておく。いったい何歳から体内時計に付随した睡眠プログラムが起動するかは不明なので、早めに始めておけばいいんじゃないかしら。寝る前と起きた直後に起床時刻を口にするくらい、そんなに手間じゃないもの。私は、1歳7ヵ月の孫に添い寝しているが、彼が起きたとき、時刻を口にするようにしている。

どんなに遅くても、睡眠に時間依存性ができる6歳ともなれば、脳が時間を知っているわけだから、もう体内時計プログラムは使えるはず。小学校に入る頃には、「起きる時間を思って寝る」は有効だ。子どもたちを、いきなりたたき起こして、ゾンビのような状態に手を焼いているのなら、試してみて。

寝る前のアイスはやめておこう

なお、寝起きにぐだぐだするのは、低血糖もその一因だ。血糖は、脳の神経信号のエネルギー源なので、低血糖だと、脳内神経伝達がうまくいかず、てきぱき動けない。

成長期の子どもたちは、脳の進化の度合いが大きく、夜眠っている間に使われる神経信号の数が圧倒的なので、多かれ少なかれ低血糖状態で起きてくるものだけど、目に余るのだとすると、ちょっと低すぎるのかも。

じつは、寝る前に甘いものを食べると、翌朝の低血糖を引き起こしやすいのだそうだ。

睡眠前にいきなり血糖値が上がると、それを下げるホルモン＝インスリンが過剰分泌されることがあるから。お風呂上がり、副交感神経に切り替わって、脳が睡眠に向かい始めたときのアイスは至福だけれど、寝起きにゾンビになる子は、やめておいたほうがいい。大人も同様である。

規則正しい生活にも一理ある

先ほどの睡眠プログラムは、毎日同じ時間に寝て、同じ時間に起きると、その精度が上がると言われている。そう、つまり昔から大人たちが正義の御旗のように振りかざす「規則正しい生活」にも一理あったのである。

私の実感から言えば、脳は、3パターンくらいは覚えられる。中学生のときから、それを自覚していて、「明日は朝練の日、5時半起き」のように思い浮かべて眠れば、目覚まし時計の1分前に目が覚めていた。

現在、幼い孫に添い寝していて、夜中に2度ほど起きて、授乳とオムツ替えしているのだが、彼は判で押したように、ほぼ同じ時間に眠りが浅くなってくれるので助かる。その時刻を思って瞼を閉じれば、自然に一緒に目が覚めて、ちっともつらくないのだ。困るのは、出張先のホテルで、孫と同じ時間に目が覚めて、ちょっと寂しいことだけ。

よい眠りのコツ、まとめ

夜10時の入眠を目指すなら、8時半の入浴、その後、読書や勉強をしながら、9時45分には布団に入らなければならない。これって、小学生といえども、お受験組には難しいのではないかしら。ましてや現代の中高生には、至難の業かも。

入眠が多少遅くても、ここまでに書いた「よい眠りのコツ」を守ってくれれば、10時に寝なくたって挽回できる。ただし、そうはいっても、成長期の脳は、午前0時越えをしないほうが絶対にいい。

よい眠りのコツをまとめよう。

① 日没後はゲームやSNSはしない

「しない」が無理なら、遅くとも布団に入る1時間前にはスイッチオフ

ちなみに、パソコンでもテキスト画面はマシ、読書や勉強するのは大丈夫

② ほどよき時間に、お風呂に入る

③ 入眠習慣を作る
④ 起きる時間を思う
規則正しい生活（3パターンくらいの生活パターンに収める）が望ましい
⑤ 暗い環境で眠る
携帯電話を枕元に置かない。どうしても置きたいのなら、点滅が目に入らないよう、腰から下の位置に置く

シンデレラ睡眠

成長ホルモンを分泌させ、海馬を活性化する上質の睡眠は、大人にだって有効だ。美肌で、賢く、発想力の豊かな人がもてないわけがない。職場では、アイデア豊かなタフなビジネスパーソンとして重宝される。成長ホルモンは若返りホルモンともいわれ、加齢トラブルも軽減する。「寝る子は育つ」だけじゃなく、「寝る大人はもてる」「寝る実業家は儲かる」「寝られる年配者はいつまでも若い」などなど、上質の睡眠の効用の幅は広い。子どもと一緒に、家族で朝型生活に切り替えるのも賢いかもしれない。

母と娘なら、午前0時を決して越えない美人睡眠法＝シンデレラ睡眠なんて、キャッチ

フレーズはいかが？

2 早起きの効能

前節で、早寝の大切さを身にしみていただけたはず。でもね、それだけじゃ、不完全。脳の学習効果は、《早起きして早寝》のワンセットでピークに達する。

早寝は、脳の知識工場を最大限に稼働する手段だった。その知識工場に、〝資材〟を送り込む立役者がセロトニンというホルモンだ。セロトニンは、前述の通り、朝日の視神経刺激で分泌が加速される。このため、早起きをしておくのが得策なのである。

また、セロトニンは、メラトニンの前駆体に当たる。朝日を目撃することでセロトニンの分泌が加速した時刻から約15時間後、セロトニンが自然にメラトニンに変化し始める。つまり、朝6時に起きた人は、夜9時過ぎ、自然に眠りに誘われるってことだ。

その上、セロトニンは、別名「しあわせホルモン」とも言われ、自己充足感の高い、落ち込みにくい、キレにくい日常を過ごせる秘訣でもある。

朝日の恩恵、すなわちセロトニンの恩恵に浴さない手はないでしょう？

できれば5時台に起きる習慣を

というわけで、朝は脳の勝負時。可能なら、6時より早く起きてほしい。朝の光を目撃しながら（浴びなくても大丈夫）、身体を動かすのが理想的。体操や散歩などは二重丸。

いい一日を送り、いい睡眠をとるためには、いい目覚めが大事。そして、目覚めの質は、起きる時間が決めると言っても過言ではないのである。

朝5時台に起きること──これは、私自身の習慣のおすそ分け。今まで、本当に多くの人に試してもらったけど、ほぼ全員から「たしかに、気持ちよく一日が始められた」と報告をもらっている。

朝は6時までに起きなさい──そう教えてくれたのは、インドの古代知識体系ヴェーダの師だ（私は、語感研究の一環で、ヴェーダを学んでいる）。4時から6時の2時間は、ヴェーダの中の生理学＝アーユルヴェーダが推奨している、目覚めにふさわしいとされる時刻である。

５０００年も語り継がれてきた叡智《えいち》には、きっと意味がある。私は、そう思って、20年ほどこれに従っているけれど、本当によく効く。私の著作とビジネスのアイデアは、たいてい朝の6時台に生まれるもの。

5時台に起きると、夏場はすでに明るいから、朝日のセロトニン効果を存分に使える。冬場は暗いので、セロトニン効果で言えば、日照時間に合わせて、起床を遅らせてもいいと思う。ただ、脳にとっては、前節で述べたように、「規則正しい生活」も大事なファクターなので、私自身は年中5時台に起きている。

セロトニンは幸福感を作り出す

セロトニンは脳神経信号のアクセル役。脳全体に信号がいきわたりやすくする脳内神経伝達物質である。セロトニンが十分に充塡されれば、脳は、素早く活性化される。ご機嫌で一日が始められることになる。

また、全体にうまく機能していれば、脳自身は充足感＝「しみじみと満ち足りた気持ち」を覚えるため、セロトニンがよく分泌されている脳は、幸福感を得やすい。

私たちは、「いい思いをしたから、満足感を得る」と思っている。美女に生まれて、いい仕事ができ、周囲にちやほやされ、おいしいものを食べて、なのに太らなくて、子どもも出来がよく、夫が優しくて、お金持ちだったら、きっと満ち足りた思いをするだろうと考える。

けど、そういうものでもないのである。毎日、ちゃんとセロトニンが分泌されている脳は、ささやかなことでしみじみできる。朝日がきれい、風が心地よい、信号がジャストタイミングで変わった、子どもが笑った……そんなことでしあわせなのだ。で、肌がイキイキして、瞳が潤む。

一方、セロトニンが足りないと、人も羨《うらや》むセレブ生活を送っていたって満たされない。こうやって脳を追究していくと、幸福は自噴するもので、与えられるものじゃないんだなぁというのがよくわかる。

セロトニンはやる気を下支えする

セロトニンが足りている脳は、やる気を失わない脳でもある。機能が滞りにくく、ストレスを感じにくいので、イライラしたり、キレたり、落ち込んだりせずに、やる気をキープできるのだ。セロトニンは、医学的には、鬱を抑制する物質としても知られている。

脳には、悔しさや怒りなどから生み出される「やる気」もある。成果や責任で追いつめられたときに働く意識で、ゴールを目指して、遮二無二頑張れる回路が活性化する。しかも、ゴールを達成したときの充足感は、かなり鮮烈だ。これだって、脳の立派な機能の一つだが、基本的に、危機発生時に使われる、火事場の馬鹿力的なパワーなので、日常的にずっと使うものじゃない。それに、成果が上がらなかったときのストレスが大きいので、ここぞというときしか勧められない。特に、「成長」という長丁場を行く子どもたちには。

満ち足りた気持ちとともにある「やる気」は、たとえ成果が上がらなくても、一気に萎えるということがない。そもそも、プロセスを楽しめる回路だからね。つまりセロトニンは、消えない「幸福なやる気」を生み出す泉なのだ。

そして、脳の学習効果を高める作用で言えば、セロトニン型のやる気のほうに、圧倒的に軍配が上がる。

セロトニンは、脳の学習効果を劇的に上げる

ここまで述べただけでも、早起きをする価値はある。しかし、セロトニンの本当の価値は、じつのところ、そんなもんじゃない。セロトニンがもたらす日中の充足感が、夜の知

識工場・海馬の働きに大きく影響を与えているのである。

海馬は、脳の持ち主の睡眠中に、昼間の経験を再生（追体験）して知識に換えている。しかしながら、私たちは6歳ともなれば、起きている時間のほうが長くなる。したがって、起きている間のすべての体験を深い知識やセンスに変換するのは不可能だし、ナンセンスでもある。中には、その脳に特に必要でない体験もあるからね。

そこで脳は、体験のうち、重要と思われるものをチョイスして、かいつまんで知識化するのである。

では、脳は、何を基準にチョイスするのだろうか。じつは、脳は、体験した時点で、「今夜、扱うかどうか」を決めている。

たとえば、田という字を習った小学生が、「あれぇ、おじいちゃんちの田んぼにそっくりだ」としみじみしたとき。できなかったことができるようになってうれしくて、空がいっそう青く見えたとき。友だちとの誤解が解けて、ほっとしたとき。こんなふうに、穏やかな充足感とともに心が動いたとき、その記憶にマークがつけられる。「今夜、ここよろしくね」のマーク。DVDのサーチポイントのようなものだ。目当てのシーンを効率よくサーチするために、ストーリーの区切りまでさぁっと飛んでくれる、あの機能だ。

脳は、眠っている間に、間を飛ばして、マーク付きの記憶を深掘りする。心動かされた出来事にこそ、脳の進化のネタがあるということなのだろう。それって、考えてみれば、とても理にかなっていると思う。

セロトニンが出ていると、悲しみさえも、しみじみと胸にしみる。喜怒哀楽の怒哀もまた、脳の学習の糧になるってことだ。これこそが、情感が豊か、ということなのだろう。

毎朝充塡されるセロトニンが、情感の豊かな脳を作り、脳の学習効果を上げている。情感の豊かな子は平坦な授業でもしみじみと納得し心を動かし、眠っている間に確実に進化する。

毎朝のセロトニンを十分に得られないと、エンターテインメント型の授業でいくら気を引いても、学習効果が上がりにくい。

教育評論家はよく「感動のない教育はダメだ」と言うけれど、感動は与えるものじゃない。子どものほうに感動する力があるから、感動があるのだ。「ゲームで遅寝、朝寝坊」の児童生徒を預けられて、「感動させろ」と言われても、現場の先生がかわいそうである。

しかも、この「情感の豊かさ」は、情操教育だのなんだのと難しいことを言わなくても、「早起き」で手に入るのである。本書はだから、「この世で一番楽な子育て論」なのである。

第I章のはじめの項で、よい脳の育て方のコツのワンツートップが「早寝、早起き」だなんて、と失笑しちゃった方、こうして科学の目で見てみると、けっこう笑えない大事なことでしょ?

朝一の行動を決めておこう

セロトニンをより多く出すコツがある。

目覚めてすぐ、脳全体に信号がいきわたらないうちに身体が活動を始めると、セロトニンの分泌量が増えるという。

このため、「朝一にやること」を決めて、毎日の習慣にするといい。毎朝やることは、自然に身体が動く。脳が目覚め切らず、ぼうっとしているうちに、身体が勝手に動き出す。これが脳にいいわけだから。

やかんに水を入れて沸かす、愛猫に餌をあげる、郵便受けに新聞を取りに行く、などなど、些細なことでいい。ただし、携帯を見る……は、ダメですよ。身体が動かず、目だけ覚めることになるので、脳にとっては真逆の事象になる。

そう考えたら、夏休みのラジオ体操って、かなり有効だったわけだ。それも、やる気満々の元気なそれじゃなく、「寝起きで顔も洗わず、ぽうっとしたまま近所の集合場所に向かい、ラジオ体操第一の中盤くらいで我に返る」くらいが理想的だったなんて……息子の夏休みの朝のぐずぐずにイラつかなくてよかったのね。

3　朝ごはんの効能

さて、せっかくセロトニンを出したのに（ということは脳のアクセルを踏み込んだのに）、ガス欠だったら、あまりにも残念だと思いませんか？

子どもたちの脳は、燃料を夜の知識工場で使い切っているので、その補給も、大事な朝の仕事である。つまり、朝ごはんだ。

神経信号のエネルギー源は血糖

脳神経信号は、電気信号である。電気を起こすにはエネルギーがいる。そのエネルギー源は主にブドウ糖。糖は血液に混じって脳に運ばれる。そう、血糖である。

血糖値が高いとダメなのは誰でも知っているが、血糖値が低いと脳によくないということは意外に知られていない。脳が正常に機能するには、空腹時であっても血糖値が80以上は欲しい。成長期の子どもたちは、眠っている間に脳を使いすぎて（いいこと、いいこと）、80を下回って起きてくる子も多いのだそうで、朝ごはんはどうしたって必要だ。

質のいい糖質に転じる炭水化物と、あらゆる細胞の材料になるアミノ酸（タンパク質）は必須。

これに、ホルモンの主材料となるビタミンB群、脳に酸素を供給してくれる鉄分も、しっかり摂りたい。

コレステロールは脳の味方

それと、意外に知られていないのがコレステロール。神経信号を伝える神経線維の周りには、ミエリン鞘《しょう》と呼ばれる絶縁体が巻かれている。絶縁体というのは電気を通さない物質で、神経線維に流れる電気信号が漏れたり減速したりするのを防いでいる。つまり、絶縁体がないときより、高速で確実に電気信号が伝わるわけ。

血中コレステロール値が低いと、神経軸索全体に絶縁体を巻き切れない。すると、信号が遅延し、ときには減衰して、脳が思い通りに動かないという事態に。

このことから察するに、低コレステロールの脳は、やる気が続かない、集中力が続かない、思考がうまく完結しない（途中で気が散って、結論に至れない）、人の話がうまく理解できない、などという悩みを抱えることになる。


アミノ酸、ビタミンB群、鉄分、コレステロール——となると、肉・乳製品・たまごなどに豊富に含まれる栄養素だ。「健康のために、何でも植物性がいい。コレステロールは敵！」なんて思い込んでいませんか？

コレステロールは身体に悪い、と言われたのは昔の話。アメリカ政府の「食生活ガイドライン諮問委員会」は２０１５年２月に発表した報告書で「コレステロールの摂取制限は必要ない」とした。報告書では、動脈硬化や心筋梗塞などを引き起こす血中コレステロールはほとんどが肝臓で作られる二次的なもので、食物との関連性は明確ではないとしている。

動脈硬化を怖がって、食品から摂るコレステロールを極端に減らしてしまうと、脳が必要とするコレステロールが不足してしまう。

熟年世代であっても、ボケないために肉を食べたほうがいいと言われる21世紀に（実際、母が頭がぼんやりするというので病院に連れて行ったら、脳神経科のお医者様に「豚肉を食べてね」と諭されていた）、動脈硬化の心配のない子どもたちに、「健康のために」と、わざわざ低コレステロール食品を食べさせるなんて、ナンセンスだと思いませんか？

朝食のおかずの数と成績が比例する？

脳のための油といえば、魚由来のDHAやEPAはすでに有名。つまり、魚も食べなきゃね。身体の部位を作り、免疫力を上げるビタミンA、C、D、Kも、ホルモンの調整に使われるミネラル類も……。そんなふうに数え上げていくと、あらゆる食材を取りそろえたくなる。実際、ある脳科学者が「朝ごはんのおかずの数と成績は比例する」と言ったし、別の脳科学者も「旅館の朝ごはんみたいなごはんを食べさせないとダメ」なんて豪語しているのを聞いたこともある。

ご説ごもっともだが、私は、それらの発言を聞いたとき、自分自身が子育て真っ最中だったので、「はぁ？」と声をあげてしまった。

子どもなんて、「あ、今日、プール開きだった。水着どこ?」なんて言ってくる生き物だ。朝から、不測の事態がいくつも起こる。働く母親なら、これに化粧や会議の準備も加わって、朝はまさに修羅場。「旅館の朝ごはんだぁ?　どの口が言った!」とすごんでみたくもなるの、わかるでしょ?

当然のことながら、働く母だった人工知能の研究者(つまり私)は、「コスパのいい脳めし」を探しましたよ。で、見つけたのである。

たまごは完全脳食

たまごは、脳に必要な栄養素をすべて取りそろえた、脳にとっての完全食。しかも安いし、コスパが最高なのだ(鳥インフルエンザのせいで高騰した2023年でも、同等の栄養素をほかの食材で摂取しようとしたら、ずっと高価になる)。

もちろん、たまごだけ食べればOKというわけじゃないが、少なくとも朝食のメニューは、たまご料理を中心に考えれば、脳を何とか始動させるくらいの栄養は足りるはず。そう思えるだけでも安心でしょう?

ちなみに、「たまごは1日1個まで」は、都市伝説である。「たまごを1日2個以上食べた場合のリスク」を著した論文は、世界中のどこにもない。私の検索だけでは心もとないと思うが、私の健康管理をしてもらっているクリニックの研究部の調査でも見つからなかったという。

朝食に1個、夕方の小腹にゆでたまご1個、夜食にたまごスープを1杯――それくらいは、普通の健康体ならなんでもない。我が家は、毎日一人2~3個のたまごを食べるようになって12年ほど経つが、毎年の血液検査で問題が認められていない。

ただし、健康については個人差があるので、たまごを食べ始めてから調子が悪いというのなら、無理せずやめてくださいね。

たまごは苦手という方のために、もう一つの脳にいい食品を紹介しよう。それは、かつおやあご(トビウオ)、煮干しのような動物性のおだし。脳内ホルモンの主要材料の一つに、動物性タンパク質由来のアミノ酸があげられるのだが、タンパク質をお豆腐のような植物性で摂るという方も、冷ややっこにかつお節をかけたり、あごだしのお味噌汁に入れたりすれば、動物性タンパク質由来のアミノ酸を確保できる。

受験生の夜食には、たまごとだし汁で作る、たまごスープをお勧めしている。

これは、『卵を食べれば全部よくなる』(マガジンハウス、2014年)という本で、たまごブームを引き起こした佐藤智春さんに教わったレシピ。

① カップに生たまごを落として溶いておく
② だしパックを煮出して、あつあつのだし汁を作る
③ ①に②を注ぎ入れる
④ 塩（焼き塩などの自然塩）で味を調える

豊富なアミノ酸と、ビタミン、ミネラルを消化器官から脳に送り込んで、今日の勉強内容を、眠っている間にしっかり定着できるようにする一杯だ。

健闘を祈る！（子どもたちの脳にね。本人はおいしいスープを飲んで眠るだけなので）

脳のエネルギーが枯渇すると、甘いものが欲しくなる

疲れたときに甘いものが食べたくなる人は多い。これは、脳が欲しがっているのである。

特に精神疲労はそうなりやすい。嫌な上司の前で、つらい仕事をした日なんて、おやつにチョコレートでも食べないとやってられないよね。帰り道に、ついふらっとコンビニに寄ってご褒美のスイーツを買いたくなる人もいるのでは？

この原因は、ストレスの信号が絶え間なく発生しているので、エネルギーを消耗しているから。だいたい、嫌な人の前に座るだけで、脳は、何秒に一回か「この人、イラつく。本当にヤダ」という信号を発している。無駄な信号を垂れ流し、脳のエネルギーが枯渇するから、脳が「甘いもの食べて〜!」とSOSしてくるのである。これが、ストレス太りの仕組みの一つ。

仕事上、嫌な上司は避けられないとしても（それでも、「その人が目に入らない角度で座る」とか「仕事に集中するという名目で耳栓をする」とか、なんらかの工夫をしたほうがいい）、ストレスを感じる友だちは疎遠にしたほうがいいと思う。友だちも選ばないと、脳が疲弊する。女同士の、遺恨の残らない距離感の作り方については、私の本『女女《じょじょ》問題のトリセツ』（SBクリエイティブ、2022年）をお読みください。

本当に怖い、甘いだけの朝食

朝一、脳のエネルギーを使い切って、低血糖気味で起きてくる成長期の子どもたちも、当然、甘いものを欲しがる。

ふわふわのパンケーキに、アイスクリームにチョコレートソース、リコッタチーズにハチミツ、たっぷりのフルーツに生クリーム――なんていう朝ごはんは、まさに天国の朝ごはん。その至福、大人にだって、わかるはず。

そこまでしなくても、朝からゾンビのようになって、ごはんをさっさと食べてくれない子どもに、チョコパンとジュース……みたいな朝ごはんで何とかご機嫌を取ってないだろうか。

たまの休日くらいならいいとして、毎日、甘いだけの朝ごはんを食べることには、強く警告したい。これは、本当に怖いのである。

これを日常化してしまうと、低血糖症という症状を引き起こす。食後1時間くらいから血糖値が急降下しはじめ、だるくなる。食後2～3時間くらいに、深刻な低血糖状態になり、ときには意識が朦朧《もうろう》とする子さえいる。脳神経信号が起こりにくいので、当然、わずかなやる気さえも出てこない。好奇心も集中力もない。セロトニン分泌なんて加速するわけもなく、だるくて、キレやすくて、学習効果のない「徒労の一日」を過ごすことになる。自己充足感は、まったく感じられない。

これが長引けば、学校に行く意味がわからなくなる。ひいては、生きている意味さえも見失う。朝ごはんの失敗が人生を奪うこともあるのである。

もちろん、ホルモン制御には、大きく個人差があるので、誰もがそうなるわけじゃない。「うち、甘いだけの朝ごはんだけど、子どもはしあわせそうに暮らしてる。成績もいいよ」と言うのなら、それは本当にラッキーなこと、心から祝福する。けれど、バランスのいい朝ごはんに変えたら、もっとすごい脳になるかも？　試してみる価値はある。

糖を食べたのに、低血糖になる理由

糖質だけの朝ごはん（甘いジャムをのせなくてもふわふわの白いパンだけ、もっちりの白米のご飯だけ、つるつるのうどんだけ、という食べ方でも、糖質だけの朝ごはんである）は、血糖値をいきなり上げる。

個人差はあるが、空腹時の血糖値80から、１８０くらいまで一気に跳ね上がることがある。この落差が、脳を警戒させる。このまま上がり続けたら、血液栄養に大きな偏りができてしまう。毛細血管に届くはずだった酸素が、糖分子に邪魔されて行き届かなくなってしまう。そこで脳は、膵臓《すいぞう》に、血糖値を下げるホルモン、インスリンの分泌命令を出すのである。膵臓は、血糖値が急速に上がった、その状態がさらに続くことを予測して、過剰なインスリンを噴射させることになる。このインスリンの過剰分泌こそが、低血糖症の原因なのだ。

低血糖症の場合、血糖値は、食後2時間を過ぎた頃には、脳を正常に動かす適正血糖の最低値80を下回ってくる。すると、脳がうまく動かないので、だるくなる。さらに症状が進めば、眠くて朦朧としてくるわけ。血糖値が60を下回ったあたりから、脳は、再び警戒を強める。このまま低下が続いて、血糖値が40を下回れば意識混濁、脳の活動停止＝死が見えてくるからだ。

そこで脳は、今度は、血糖値を上げるホルモン（アドレナリンなど）を連打してくる。このホルモンたちが、「攻撃的な意識」を伴っているので、低血糖症の人は「だるそうにしていたかと思うと、いきなりキレる」のである。

登校時には、興奮状態くらいの元気さなのに、教室の椅子に座ったとたん、だるそうになって、2時間目の長休みにいきなりキレる。学校の先生は、そういう子がいたら、食事指導をしてあげてほしい。

大人だって同じだ。午後の会議で、だるそうにして部下の話をよく聞きもしないのに、いきなりキレる上司。あれは、朝とお昼に食べたものがその引き金になっている。朝ごはんを食べずに、甘い缶コーヒーで何とか目を覚まして、お昼にラーメンなんか食べていたら、相当ヤバい。

朝ごはんをないがしろにすると、脳はお昼にも「糖質食べて〜」と命令してくるので、結局一日中、糖質でつなぐことになる。おやつを気軽に口にできる環境なら、甘いもののチェーン食いになってしまう。

朝ごはんには、人生がかかっていると言っても過言ではない。人の子の親たるもの、どうか、心してかかってください。

脳によい食べ方、まとめ

肉・魚、乳製品、たまご、納豆、豆腐などのタンパク質を欠かさないでほしい。脳のエネルギーになる炭水化物、野菜や海藻などの、ビタミンと繊維質の宝庫も口にしてほしい。

いわゆる、バランスのいい食事が理想なのだが、そう何品もそろえてはいられないという方には、完全脳食＝たまごが味方になってくれる。ときには、プロテインをうまく併用するという手もある。

何より、気をつけてほしいのは、成長期なのに「日常的に朝ごはん抜き」とか「日常的に糖質だけの朝食」という事態だ。

甘いものを禁止するわけじゃないが、いきなり口にするのは避けたほうがいい。食べ物を口にする順番で、血糖値の急上昇はかなり避けられる。食事では、繊維質（野菜や豆類、豆腐、納豆など）から口にするといい。牛乳やチーズのような、タンパク質や脂質のものも、糖質の吸収を遅らせることができるので、悪くない。

私自身は、コンビニのプリンが食べたいときも、枝豆やチーズを一緒に買って、先に食べる。いきなりご飯を頬張りたいときは、白飯よりチャーハンやチキンライスのような、油でコーティングされたお米（糖質）をチョイスするようにしている。

塾前に、コンビニめしで空腹をしのぐ受験生には、こういう工夫を教えてあげてほしい。

第一に、血糖値を急上昇させない食べ方、第二に栄養バランスのよさ。脳の観点から言えば、この二つが肝だと思う。セロトニンのアクセルで、脳が心地よく突っ走るために、「甘いだけの朝食」なんていう罠を、どうか、未来を担う脳に与えないで。

4　運動の効能

脳の学習効果を上げる、もう一つのコツがある。それは身体を動かすこと。いわゆるスポーツだけじゃなく、散歩や、少し汗ばむ程度の家事、子どもたちの自由遊びも、これに含まれる。

足裏に圧がかかることが、記憶の定着に関わっていることがわかっている。「高齢者になって、骨折などで歩けなくなると、頭がぼんやりしてくる」のは、祖父母や親などで経験する人も多いはず。歩くこと、走ること、踊ること。足裏を使うことは脳にいいのである。

でもね、それだけじゃない。21世紀に入って、「運動には、好奇心と集中力を高める効果があり、結果、脳の学習効果を劇的に上げる」ということが判明している。

運動が脳の学習効果を高める

身体を動かすと、ドーパミンとノルアドレナリンという二つのホルモンが、同時に分泌される。

ドーパミンは、好奇心を作り出すホルモンだ。「気にかかる、気を引かれる」という意識を誘発するのである。セロトニンが足りている脳に、ドーパミンが出てくれば、「え、なになに、どうゆうこと？」という、明るい好奇心が湧き上がる。数学や物理だって、この感覚があれば、けっこう楽しく授業が聞ける。人間や社会に対する好奇心もあるので、生きていること自体が楽しめるし、友だちとも楽しく過ごせる。そう、性格なんて、ちょっとしたホルモンバランスで作られているのである。

ただし、セロトニンとドーパミン、いずれも前向きのイケイケホルモンなので、これだけじゃブレーキが利かない。ときには「あれ、どうなってるの？――と思ったら、これ、どうなってるの？――と思ったら、それ――」というように、次々に気を引かれるものが目に飛び込んできて、集中できない人になってしまう。

そこで登場するのが、ノルアドレナリンである。ノルアドレナリンは、脳神経信号を抑制するホルモンで、つまりブレーキ役。ドーパミンによって好奇心がみずみずしく解き放たれたときに、かたわらにいて、二つ目に意識が逸れそうになるのを阻止してくれる。

「みずみずしい好奇心と集中力」のためには、ドーパミンとノルアドレナリンが、同時に分泌されることが大事で、その状態を誘発することができるのは、「運動」しかないのだそうだ。

２０３学区の奇跡

この研究成果は、読みやすい本になっている。２００９年に日本でも刊行された『脳を鍛えるには運動しかない！』（ハーバード大学医学部准教授、ジョン・Ｊ・レイティ著、ＮＨＫ出版）である。

この中には、イリノイ州ネーパービル２０３学区に起こった奇跡が書かれている。

１９９９年実施のＴＩＭＳＳ（国際数学・理科教育動向調査：さまざまな国の同年代の子どもたちが同じテストを受ける）で、アメリカは、理科が世界18位、数学は19位だった。ちなみに同じテストで、日本は、理科４位、数学５位である。

ところが、ネーパービル２０３学区に限定すると、理科はなんと世界１位、数学は６位だったという。この年、この学区では対象学年の97％の生徒が受験しており、特に優秀な生徒だけが受けたわけじゃない。

この結果に着目したハーバード大学が調査に向かい、わかったのは、学科の授業にはなんら変わったことはなかったこと。ただし、この学区では、生徒たちが、調査の少し前から「ゼロ時間目の体育」を励行していたことがわかった。学科が始まる前に、身体を動かしたのである。

この「ゼロ時間目の体育」が、いったい脳にどんな効果をもたらしたのか……これを追究していくうちに、運動効果による、ドーパミンとノルアドレナリンの同時分泌が発見されたという。

高校生でもまだ間に合う！

この本を読んで、私が感慨を覚えたのは、ハイスクールの子どもたちでも、まだこんなに伸びしろがあるということ。脳の活性化は、高校生でもまだ間に合うのである！

ゼロ時間目の体育によって、子どもたちが「早起き」をしているのも見逃せない。おそらく、運動をしない子より「早寝」だろうし、お腹も空くはずだから「朝ごはん」率も上がったはず。そう、おそらく、金のルールの総合力なのだと思う。

金のルールは、小学生だけの生活習慣じゃない。高校生も馬鹿にせず、順守してほしい。ちなみに私は、20年前から仕事の成果を上げるために、今は脳を老化させないために順守している。

自由遊びのススメ

小学生の子どもたちなら、ぜひ、朝の授業の前に、自由遊びをしてほしい。年齢の違う子同士が、高低差のある空間で、自ら遊びを考案しながら、群れて遊ぶことは、脳にとって素晴らしいエクササイズになる。

子どもたちは、年上の子の運動能力を学ぶことができる。年上の子は、年下の子の運動能力を見極めて、その場その場で遊びをデザインすることによって、発想力や展開力を鍛えることができる。

その上、これから始まる座学の授業に、みずみずしい好奇心と集中力を発揮することができるのだから。

中学に入って、理系の成績が下がってきたら

好奇心と集中力は、数学や物理のような「非日常の概念」をつかむ必要のある学科にお

いては、大きく影響を与える。虚数に対数、微分積分なんて、面白がる気持ちがなかったら、苦痛でしかないもの。ネーパービル２０３学区の奇跡も、数学と理科の二つの科目に象徴された。

そんなわけで、中学2年の夏休み明けくらいから、がっつり難しくなってくる数学や理科についていけなくなったら、勉強時間を増やす前に、身体を動かす習慣を作ってみてほしい。激しいスポーツじゃなくていい。朝あるいは夕食後、バドミントンや縄跳びで遊ぶなど、工夫してみてほしい。

それともう一つ。理系の成績が下がってきたときは、親子で新聞を読んで、話し合うことが効くらしい。これは、ある塾の先生に教わったテクニックで、理系の成績には読解力が必要で、それを上げるためのエクササイズなのだそう。

理系の教科は、意外にも読解力を必要とする。長い文脈を理解する力がないと、「非日常の概念」を積み重ねて、大きな世界観をつかむに至らないからだ。方程式に出会い、微分方程式に出会い、積分方程式に出会う。これは一連の流れであって、ぶつ切りにはできない。物理学に至っては、素粒子と宇宙をリンクさせるので、脳内に壮大な物語を紡ぐ必要がある。なんて言うと大げさだけど、毎日の授業の積み重ねで、やっと見えてくるものがあるので、けっこう長い文脈をキープできないと難しいのである。そもそも、文章題の質問文も読解しないとならないしね。

親子で社会的事案を語り合うことは、思春期の親子コミュニケーションとしても、お勧めしたい。思春期は、自分についてとやかく言われるとキレる期間なので、親子の会話を始めるのに「学校、どう?」「勉強、ついていけてるの?」なんて、相手の事情を尋ねても会話は弾まない。

社会的事案のような、家庭と学校の外の話で盛り上がるのが一番。そんなコミュニケーションの中で、ふと本音を言ってくれたりもする。

理系の成績向上と思春期対策、一石二鳥です。

5　読書の効能

読書は、脳に、日常生活では手にできない、豊かな体験を与えてくれる。

子どもたちの脳にとって読書は、日常体験とそう変わらずに、脳に知識化されていく「仮想体験」なのである。

脳は、夜ごと、起きている間の体験や学びの記憶を知識構造に換えている。そう思うと、できるだけ豊富な生活体験を与えてやりたいけど、「アメリカ人の少年として、大型犬と暮らす生活」とか「お母さんが病気で、寂しがる妹を励ましながらも心細い生活」なんて、そう体験させてやれないでしょう？　だから読書で、「脳の体験」を増やしてやるのである。

本の中の出来事は、子どもたちの脳にしてみたら、あたかも自分が体験したことのように知恵やセンスの源になっていく。

ファンタジーの力

ファンタジーの扉を開けば、子どもたちは、鮮烈な体験をすることになる。

普通に日本の小学生をやっていたら、「ある日、魔法学校に行くことになって、行ってみたら天才魔法使いだと言われ、闇の魔法使いと戦う羽目になってしまった」なんてこと、たぶん起こらないけど、『ハリー・ポッター』のページをめくれば、誰でも必ず、それが体験できる。

子どもの代わりに、ハリー・ポッターが、忍耐力と責任感で、凛々しく戦ってくれるわけ。子どもの脳は、その読書体験を、夜眠っている間に知識や知恵やセンスに変えていく。痛い思いをせずに、責任とは何かを知るのである。本は、日常体験をはるかに超えたセンスを、子どもたちの脳にもたらしてくれる、本当にありがたいアイテムだ。

世間の悪意と理不尽を、なにも家庭で教えなくていい

私は、息子を基本、甘やかして育てた。

だって、つらいとき悲しいとき、共感してくれる家族がいてくれたほうが、外で頑張れるでしょう?

学校に行きたくないと言えば、可能な限り一緒に休んで楽しく過ごしたし、宿題をしない、ものをなくした、習い事をやめたい、なんてことで叱ったこともない。

私が大甘かあちゃんだったので、よく「社会に出てたいへんなことになるよ」と注意された。そう、世間には悪意や理不尽が漂っている。だから、私の子育てには、ファンタジーが必須だったのである。

ファンタジーとは、おしなべて、才能はあるけれど未熟な主人公が、容赦なく人生の旅に駆り出されて、世間の悪意に触れ、理不尽な目に遭い、それでも人を信じることを学び、意志を貫いて、「腹落ちする人生」を手に入れるように仕立ててある。

主人公が、これでもか、これでもか、と、世間の悪意と理不尽にさらされる。世間の悪意と理不尽を、なにも家庭で教えなくてもいいのでは？　上質なファンタジーを子育ての友にすればね。

家庭の中で守られていても、やがて子どもたちは、現実の悪意と理不尽に触れる。そのとき、ファンタジーに教えてもらった知恵があれば、それほどの深手を負わずに切り抜けることができるはず。家で甘やかしたリスクくらいは、きっと回避できる。

読書体験は、動画体験に勝る

日常体験を超える体験という意味では、動画やゲームもまた、一役かってくれる。8歳から12歳までの間には、いい映画も観せてやりたい。ゲームは罪ばかりが強調されるが、3次元系の仮想体験は、男の子の想像力の支援にはけっこういいツールだ。ゲームで育った世代には、突き抜けたアーティストが増えると思う。入れ込みすぎに注意して、睡眠の質を確保してやれるなら、かたくなに禁止するのは惜しいような気がする。

ただ、動画やゲームは、読書の代替にはならない。読書のほうが、よりリアルに「自分ごと」として脳に刻印されるので、学習効果が高いからだ。

読書には「主人公の顔」がない。つまり、主人公に感情移入しやすいのである。映画の『ハリー・ポッター』を観たときは、一人の少年の物語を傍観することになる。役者に顔があり声があるので、「自分ではない存在」の体験を傍観することになるわけ。

ところが、本で読んだハリーのセリフは、自分の内なる声で「聴く」ことになる。ハリーが鏡をのぞけば、自分も一緒にのぞいたような気分になって、その鏡に映っている家族に、自分の家族をあてはめたりする。五感の情報を脳が生成する以上、そんなふうに、自分の経験知を織り込んで、ハリーの世界を創造することになるのだ。このため、主人公と自分の境界線があやふやになり、主人公の体験が、より自分ごとになって脳内にとどまる可能性が高い。

物語を脳に与える「もう一つの人生体験」と捉えるならば、読書がもたらしてくれる経験知は、おそらくほかのメディアのそれをはるかに凌駕する。ぜひ、読書を基本にしてほしい。

9～11歳、脳のゴールデンエイジ

9歳の誕生日から12歳の誕生日までの3年間を、脳科学者たちは、「脳のゴールデンエイジ」と呼ぶ。この3年間は脳の成長が目覚ましく、脳神経回路のネットワークが劇的に増えるからだ。つまり、眠っている間の脳の進化がすさまじいってこと。

当然、この3年間は、読書適齢期でもある。ファンタジーが苦手なお子さんなら、ミステリーでも歴史小説でも科学本でも、なんなら図鑑でもいい。日常出会えないものに出会える読書の旅を、子どもたちの脳に与えてあげてほしい。

与えたって、うちの子、本を読まないんです、という方へ。

①　家の中に、本棚はありますか？

本は「はい、これ」と渡されるより、ふと目にした本棚の一冊と「出会う」ほうが、がぜん興味が湧くし、好きなジャンルが見つけられる。本との出会いは、親の本棚に惹かれて、という人は意外に多い。

今は、携帯でも本を読める時代だけど、子育て中のお家には、本棚があってほしい。小さくてもいいので。

②　子どもの前で、本を読んでいますか？

親が面白そうに本を読む姿は、「本って、面白いもの」という刷り込みになる。どうぞ、この本も、子どもの視界に入る場所でお読みください。

そして、なんといっても、本好きの道は、0歳から始まる。

0～2歳、語感を楽しむとき

赤ちゃんにとって、絵本は、ページをめくるごとに、目くるめく別世界が展開するエンターテインメント。ここで、期待感に胸躍らせてページをめくる原体験を作る。

それと、赤ちゃんは、目の前の人が発音してくれる、その口元の筋肉の動きや、息の風圧を楽しんでいるって知ってました？　私たちの脳は、目の前の誰かの発音を、あたかも自分の発音のように感じるという能力を生まれつき持っている。目の前の人の「発音動作」を脳に移しとることで、ことばの存在を知り、発話していくのである。赤ちゃん期は、「読んでくれる人の発音の様子」を楽しむことが、そのまま英才教育になる。

そんなわけで、絵本よりも、読んでくれる母親に関心が集中するけど、「ちゃんと絵本を見て」と叱らないで。「ばぁ」とか「ど〜ん」と言うお母さんがうれしいのである。たまには、目をむいたり、ひっくり返るくらいのサービスをしてあげよう。

語感を楽しむ0〜2歳の絵本は、「ふわふわ」「ぎゅっ」「ぱちん」のような擬音語・擬態語や「いないいないない」「バイバイ」「わんわん」のような繰り返しことばが印象的な、語感を楽しめる絵本がお勧め。な〜んて、私が言わなくても、「0〜2歳向け」の絵本は、ほぼ、そういう構成になっている。

親子で声を出し合って、存分にお楽しみください。

7歳までは、声に出して

3歳になると、ストーリーを味わえるようになってくる。同じ年頃の登場人物やペットなど、自己投影できる題材を。

7歳までは、母親の読み聞かせや、本人の音読を組み合わせると二重丸。物語の語り聞かせも、ぜひ。

ことばのリアル（臨場感）は、発音体感にある。

たとえば、絵本に「ふわふわウサギ」が登場したとしよう。「ふわふわ」と発音すると、唇がふんわり膨らんで、息がふわりと宙に浮く。脳は、この口元の感覚から、まるで実際に触ったかのようにリアルなふわふわ感を想起しているのである。

脳の言語機能の完成期は8歳。8歳を過ぎると、文字を黙読しただけでも発音体感を想起できるのだが、7歳まではまだ難しい。このため、7歳までは、誰かが目の前で声に出して読んでくれたり、自分自身が声に出して読むことに大いに意味がある。

この時期、物語の語り聞かせも、非常に効果的。絵もなく文字もない、優しい暗さの中で、母親や祖母が添い寝して語り聞かせてくれるおとぎ話。そんな体験もぜひ、3歳から7歳までに、たくさんしてあげてほしい。

私は、ただただ発想力で仕事をしているようなものだが、この発想力の基礎を作ってくれたのは、母である。物心ついたときから小学校3年生まで、母は毎晩、本を読み聞かせてくれていた。祖母が添い寝してくれるときは、奇想天外なおとぎ話（微笑）。今でも、寝入りばなに、ふと、母が本を読んでくれた声を聴くときがある。本当に耳元に30代の母がいるような臨場感で。そんなときは、翌朝、とんでもなく愉快なアイデアが浮かんだりするのだ。7歳までの読み聞かせと語り聞かせ、少なくとも私の人生には、塾よりよく効いた。

ちなみに、8歳近くなると、文字を見ただけでも発音体感が実感できるようになるので、母親の読み聞かせもうっとうしくなる。子どもの関心が薄れたようだったら、読み聞かせは引退していい。もちろん、ねだられたら素敵なこと。ぜひ、続けてあげてください。

8歳を越えたら、シリーズものが効く

8歳になると、言語脳が完成して、長い文脈を把握できるようになる。こうなったら、ぜひ、シリーズものを読んでほしい。我が家の息子は、パソコン通信を使って身近な事件を解決していく小学生の探偵団シリーズに夢中になっていた。私自身は、『ナルニア国』シリーズ！

一度完結した物語の主人公が、時と場所を変えてまた登場する、というのが、言語脳完成期（8歳）以降の脳にはたまらないのである。自己投影できる同じ年頃の登場人物＋日常から入る冒険＋シリーズもの、が、キーワードだ。

8歳から12歳までの間にいいシリーズものに出会えるかどうかで、その後の本好き、本嫌いの傾向はかなり決まってしまうと思う。図書館で偶然出会えたらいいけれど、そうでなかったら不運だ。この年頃にどんな本を読んでいるか、親も気をつけてあげよう。

日常の冒険を読みこなしたら、想像を超える世界観にも出会うべき。ファンタジーの大作、世界文学、科学本、歴史ものなど、12歳までにいろいろ体験させてほしい。

思春期にも、大人になっても

読書は、生涯、脳の「貴重な別体験」だ。

10代は、分別や忍耐力を担当する前頭前野の発達期に当たる。「今はつらいけど、ここを耐え抜けば」とか、「腹は立つけど、怒りをぶつけても意味がない」のような、忍耐と分別の機構が出来上がるときなので、本の主人公たちには、うんと苦悩していてほしい。胸が痛くなるような失恋や挫折、戦争や死をテーマにした重いものにも、10代には触れていてほしい。この後、自分の人生に何か起こっても、それが些細に思えるように。
もちろん、人生は面白い！　と感じる愉快なストーリーだって必要だ。人生を信じて、
夢見る力を眠らせないために。

第Ⅱ章　ＡＩ時代の子育てに欠かせないセンス

20世紀と21世紀では、社会が必要とする人材(資質)が、大きく異なっている。企業価値を生み出すセオリーがまったく違い、エリートの定義もまるで違う。当然、人材の育て方も変わらなければならない。そして今年(2023年)、経済産業省が発表した「AI人材育成の指針策定の方向性」により、それは明確になった。

人類に、大きなパラダイムシフト(仕組みの転換、ひいては時代の断層)が訪れているのである。そのことを、やがて社会で活躍する子どもたちを育てる親たちが知らないわけにはいかない。

心理的安全性

企業の人事部では、ここ数年、「心理的安全性」というワードが囁《ささや》かれている。グーグルが4年にも及ぶ社内調査の結果、効果の出せるチームとそうでないチームの差はたった一つ、心理的安全性(Psychological safety)が確保できているか否かだ、と言い切ったからだ。心理的安全性とは、「なんでもないことを無邪気にしゃべれる安心感」のこと。つまり、脳裏に浮かんだことを素直に口にしたとき、頭ごなしに否定したり、くだらないと決めつけたり、皮肉を言ったり、無視したりする人がチームにいないことである。

デジタル企業の覇者グーグルが、チームに必要な唯一の資質に、戦略力でも調査力でも開発力でも実行力でもなく、「なんでもしゃべれる安心感」だぁ⁉
戸惑った企業人も多かった。安心感と、チームの成果がどう結びつくのか見当もつかない。結局、「心理的安全性」を「風通しのいい職場」と解釈して、「風通しのいい職場に。ハラスメントをゼロに」というキャンペーンに代えて、お茶を濁している企業も少なくない。

そうはいっても、いまさら「風通しのいい職場」なんていうことを、天下のグーグルが世界的に発表するだろうか。グーグルの提言の熱意と、「風通しのいい職場」という帰結のぬるさ。その温度差、なんとも腑に落ちない、落ち着かない。それが、おおかたの日本の企業人の感覚だったようだ。実際、ネットで「心理的安全性と、ぬるい会話をどう区別したらいいんだ？」という議論が交わされたりしている。

頭ごなしの対話は、若い人の発想力を奪う

しかしながら、この提言を聞いたとき、私は雷に打たれたような気がした。
なぜなら、私の研究の立場からは、「真理」のど真ん中だったから。今まさに、世界中

のチームが身につけるべき資質。さすがグーグル、本当にいい企業なんだなぁと、ため息をついた。

ヒトは、発言をして嫌な思いをすると、やがて発言をやめてしまう。「あの人に言っても、頭ごなしに否定されるだけ」「あいつに言っても、皮肉が返ってくるだけ」「結局、ネガティブな反応が返ってくるだけ」――上司であれ、同僚であれ、親であれ、パートナーであれ、そんな思いを何度かすれば、浮かんだことばを呑み込むようになる。

そうなると、なんとヒトは、発想そのものもやめてしまうのである。脳は、一秒たりとも無駄なことをしない装置なので、出力しないのに演算したりなんかしない。演算に使う脳神経信号も無駄だし、「言えないストレス」もまた、けっこうな無駄信号だからね。

つまり、浮かんだことばを何度か呑み込んでいるうちに、そもそも何も浮かばなくなるってこと。20世紀は、そんな新入りくんを指して「場になじんだ。彼も一人前になった」と褒めたが、21世紀には「アイデアの出ない、指示待ち人間」と呼ばれることもある。

そう、否定とか皮肉とか、いきなりネガティブなことを言う人は、チームの発想力を止めてしまうのである。発想力だけじゃない、発想力と同じ回路を使う、危機回避力と自己肯定感まで下げてしまう。

これは、「家庭」というチームにも言える。親が、いきなりネガティブなことを言う癖があると、子どもの発想力が育たない。自己肯定感が低くなって、「いや、俺、ダメだから」「私には無理だから」と発言するようになり、逃げ癖がつく。

時代のど真ん中を射抜くキーワード

20世紀は、製品やサービスの機能が単純だった。このため企業は、生活者の夢を実現すればよかったのである。「車が欲しい」「掃除機が欲しい」「クーラーが欲しい」、そんな生活者が見る夢を。たしかに、企業側にも夢を見る人材は必要だったけど、そんな人材は1万人に1人いれば足りていた。多くの人間は、実行力を望まれたのである。そして、教育の段階で「頭ごなしの決めつけ」をすると、脳は実行力を強める代わりに、発想力を失っていく。

さて、21世紀、製品やサービスの機能は複雑である。家電製品一つ買っても、ユーザの想像を超える機能が付加されていたりする。電子機器なんて、何年使っても使いきれない機能があるくらいだ。では、いったい、誰が夢を見ているのか――そう、企業人たちなのである。

21世紀は、「製品・サービスを提供する側」が夢を見る必要がある。企業人一人ひとりの発想力が、企業価値を生む時代になっているってことだ。当然、チームの発想力を止めてはいけない。となれば、心理的安全性の確保は、企業のひいては社会の急務なのである。

グーグルは、社員の発想力だけで、世界の巨大企業にのしあがった。そのグーグルが見つけた「心理的安全性」というキーワードは、時代の真実のど真ん中を射抜いているのである。

「俺たちの時代」はとっくに終わってる

心理的安全性の確保を、と話すと、50代以上のエリートのみなさんは、「俺たちの時代はさぁ」と言い出す。はっきり言います、その「俺たちの時代」はとっくに終わってる。若い人たちの発想力、危機回避力、自己肯定感を止める、頭ごなしの教育。20世紀は、それでよかったのである。

20世紀、テクノロジーがまだ未熟で、今、機械がやっていることの多くを人間が担当していた。このため、社会人に求められる資質は、実行力だったのである。「四の五の言わずに、今目の前のことにがむしゃらになれる力」だ。

私は1983年入社で、入社してすぐ言われたのは、「きみたちは歯車だ。小さな存在にすぎないが、歯車が一つ止まれば、組織全体が止まってしまう」という訓示で、当時の頭では、けっこう感動したのを覚えている。そう、社会が必要としていたのは大量の歯車人間だったのだ。

歯車には、「なぜ、この方向にひたすら回るのか」はわかっていない。その是非を疑うことも許されない。「こうしろ」と言われたことを疑わずに、遮二無二邁進することで、大きな組織を回すことに喜びを感じるセンスが、当時のエリートには不可欠だった。

そもそもエリートたちは、幼い頃から、母親の「こうしろ」に従って、お行儀よく高偏差値の大学を出て、一流の場所にたどり着いたので、それはお家芸のようなもの。末端の小さな歯車が、やがて大きな歯車になっていくのが出世街道だったのである。

20世紀は、親も学校の先生も、スポーツの指導者も、子どもの口答えを許さない時代だった。誰もが認める一般論的な理想像「お行儀よく、成績がよく、目上の人に逆らわず、タフな実行力に溢れている」を目指して、決めつけの教育が施されてきたのである。

部活のコーチに「うさぎとび100回!」と言われたら、「それって、何になるんですかね。どこの筋肉に効くの？　膝を痛めるリスクもありそうだし」なんて発想や危機回避をしてはいけないのが20世紀だったのである。

その時代の気分が、まだ家庭にも学校にも企業にも漂っている。だって、親や先生や経営陣が、「その時代の人たち」だからだ。

どちらの回路を育てるの？

若い人たちと目が合ったとき、若い人たちが何か発言をしたとき、指導者が最初に口にすることばが「問題点の指摘」（ネガティブ発言）だと、若い人たちの脳は「問題解決型の回路」を活性化することになる。

これは、問題点に素早く気づいて、さっさと対応するための回路で、「ゴールをかかげ、そのゴールのために足りない能力やアイテムをゲットしつつ、ひたすら突き進む」パワーを脳にもたらす。

20世紀には、この回路が増大した脳が必要だったので、大人は、若い人の顔を見れば小言から言うのが習わしだったわけ。

ところが、これが、21世紀には大問題なのだ。

この問題解決型回路が強く活性化すると、「気づきと発想力の回路」が不活性化するのである。私たちの脳内にある、この二つの回路は、同時に働かず、一方が著しく活性化すると、もう一方が萎縮する関係にある。

そして、21世紀を生き抜く人材に不可欠なのが、「気づきと発想力の回路」なのだ。つまり、**「成果や責任で追いつめて、叱って躾《しつ》ける」20世紀の指導法は、21世紀には、逆に仇《あだ》になるのである。**

このことを、すべての指導者が知らなければならない。親である人たちは、特に。

21世紀最大の英才教育

私たちの脳には、とっさに使う認識回路が2種類ある。

気づきを起こす回路と、問題点を見つける回路である。

前者は、「そういえば、あれ、やっとかなきゃ」「そうだわ、あれもやっておこう」のように、「するべきこと」にどんどん気づきながら、タスクを片っ端から片付けていく回路である。

家事のような、溢れかえるほどの膨大な多重タスクは、このセンスがなければやっていけない。そして、いい経営者も、この回路を巧みに使って、過去の経験知から、未来プランを創生しているのである。

ちなみに、気づきの回路を使えるのは、その対象（家族、家、事業、職場などなど）に愛着があるからこそ。相手に興味を失ったとたん、まったく勘が働かなくなるのが、気づきの回路の特徴でもある。

もう一方の問題点を見つける回路は、いち早く問題点をピックアップして解決に向かおうとする、非常に合理的な回路だ。

目の前に100の事象があったとして、そのうち98の事象が正しくて、2しか間違っていなかったとしても、問題解決型の人はダメな2から口にする。いち早く弱点をカバーし、わずかなリスクも残さない、というのが、この脳の気分だからだ。結果（ゴール）に強くこだわるとき、人はこの回路を起動しやすい。

誰でもどちらも使えるが、同時には使えないので、人生のある瞬間は、どちらかを起動していることになる。そうして、家事をしているときは「気づきの回路」を、会社でのタスクは「問題解決型の回路」を使うことが多い。12歳までの子どもは、基本「気づきの回路」を使っており、「子どもをちゃんと躾けなきゃ」と思っている親たちは、子どもたちの前で「問題解決型の回路」が起動する。

だから、夫であれ妻であれ、働いて帰ってきた人は、玄関入って、最初に「階段の電気点けっぱなしだよ」「これ、今朝のままじゃん。一日家にいて、何してたの？」なんて口にしがち。ところが、家にいた人は、ほかの膨大なタスクを回しているのである。そのことに対する感謝もなくねぎらいもなく、たまさか抜けてしまった「わずかな欠点」を、ことさら言い募る相手に、不信感を募らしていく。

そして、そんな相手にムカつくほうだって、子どもに同じことをしているはず。算数の宿題はやっているのに「作文、まだなの？」「机の上が片付いてない！」とかね。

家族の顔を見た瞬間、「ダメなところ」から口にするのをやめない？　共感か感謝かねぎらいか、せめて笑顔をあげよう。

たとえば、高校生の娘が、明後日から期末試験だっていうのに帰りが遅すぎる、「どうしたんだろう」と心配していたら、意気揚々と帰ってきて、「カラオケ行ってきた。20曲歌ってやった」と言ったときも、「いいね」で受ける。「いいね、青春真っただ中って感じね」――私ならそんなふうに受けて、「けど試験も青春の一部だからね。頑張って」と添える。

だって、「明後日から試験だってのに、何してるわけ？　しかも、連絡もしないで、どういうこと？」と叱ったって、心に届かないもの。

家族が前向きの気分で言ったことは、「いいね」か「わかる」か「ありがとう、助かる」か「よくやった」で受ける。言いたいことがあったら、その後に言う。それを徹底すると、家族の仲が本当によくなる。そして、家族全員の発想力、危機回避力、自己肯定感を底上げしていくのである。共感した数だけ、ねぎらった数だけ、笑顔の数だけ。

そう考えると、「逢った瞬間、笑顔と、感謝かねぎらいか優しい共感をあげる」は、21世紀最大の英才教育と言ってもいいのかもしれない。

対話力が問われる時代

今年（2023年）8月7日、経済産業省がＡＩ人材育成の新たな指針策定に乗り出したことを発表した。チャットＧＰＴに代表される生成ＡＩの台頭により、世界は、とうとうＡＩとともに生きる時代に突入したのである。

その方針の中で、生成ＡＩを使いこなす人材に必須のスキルとして、「対話力」があげられている。

グーグルの「心理的安全性」に呼応するような、この方針。そう、対話力が問われる時代が始まったのだ。

チャットＧＰＴに代表される、ことばを操る生成ＡＩは、人間と同じように対話をしながら、かなり有効な解決策やインスピレーションをくれる。その対話の仕組みは、人間とよく似ている。学習で仕入れ、経験で洗練させたシソーラス（語彙《ごい》の関係図）を使って、巧みに答えを生成するのである。

データベースの中から、正解を探し出して、そのまま出力しているわけじゃない。経験知に照らして、質問に触発されて、今までにない回答を作っているのである。

何でも知っている全知全能のＡＩは、情報空間に偏りがないから、つまらない質問をすれば、たいして面白みのない優等生的な回答をくれる（今までのデータベースは、有用な情報しか入っていないから、つまらない聞き方をしても、それなりに有用な情報が引き出せたのだけど）。

しかし、個性的な質問をすれば、その人にしか引き出せない、素敵な回答をくれるのである。ＡＩとともに生きる人間には、そのセンスが不可欠になってくるわけ。

ちなみに、経済産業省は、ＡＩ人材育成と銘打っているが、もう何年もしないうちに、人類はみな生成ＡＩとともに生きるようになる。電話や車のように、生活に欠かせないアイテムとして。なので、実はこれ、「21世紀を生き抜くすべての人類」の育成指針と言っていいと思う。

さらに、生成ＡＩはいけしゃあしゃあと嘘をつく。今までのコンピュータと違って、「そこにある答えを出力する」のではなく、知識の断片を組み合わせて、回答をダイナミックに、可能性も含めて答えてくれるので、ときに嘘になってしまうのである。

たとえば、チャットＧＰＴに「黒川伊保子って知ってる？」と入れると、「東大出身の数学者で、カリフォルニア大学の教授」なんて素敵な嘘をついてくれる。たぶん、人工知能というワードと、数学というワードが仲良しだったんだろう。人工知能の父と呼ばれるアラン・チューリング博士は、第2次世界大戦中、ドイツの超難解といわれた暗号エニグマを読み解いたことで有名になった数学者だったし。

生成ＡＩをうまく操るには、その出力に対して、「なんとなく腑に落ちない」「つじつまが合わない」と感じて立ち止まる、そんな危機回避力もまた不可欠なのである。

誰でも「気づきの回路」を使う人に支えられている

対話力も危機回避力も、気づきを起こす回路が創り出す能力だ。

気づきの回路を優先して使っている人は、「あれ、気になるなぁ」と思って在庫を増やしておいたら急に必要になって事なきを得た、とか、「あの人、気になるなぁ」と思って声をかけたら助けてあげられた、のようなことが日常に起こっている。子どもたちは、母親のこの勘で無事に育つし、会社だって、問題解決型の回路を優先している人が気づかないところで、トラブルが未然に回避されている。だから、母親には無条件で感謝しなければならないのだ。職場のお局様にもね(微笑)。

危機回避力は、ある意味、疑う力でもある。子育て中の女性は、子どもたちを守るために危機回避力が最高潮になるが、同時に夫の気持ちを疑う時期でもある。夫の気持ちが家庭から少しでもそれたら、ほんの些細なことでそれを見抜く。昔から、女たちの夫の浮気を見抜く勘の鋭さは、小説や映画でも使われる「あるある」。そんな能力が、なんと、最先端のテクノロジーを使いこなすための資質の一つなのだ。

ＡＩ時代は、女性たちが、素のままの感性を羽ばたかせて、のびやかに活躍できる時代でもあるのかも。

最強なのはハイブリッド脳

とはいえ、男性も12歳頃まではみな「気づきの回路」を優先している。その回路をうまく使えるように残してあげれば、問題解決力と共感力をうまく共存させたハイブリッド脳に育つ。じつのところ、実行力と想像力を素早く切り替えて使えるハイブリッド脳は最強である。あらゆることに気づいて、どこまでも突き進めるのだから。

もちろん、女の子も、最強のハイブリッド脳になれる。こちらは、強すぎる「気づきの回路」を飼いならして、ときに「問題解決型の回路」に切り替える術を教えてあげる必要がある。

そう、男子と女子では、大人になる方法が違うのだ。ここが気になる方は、前著『息子のトリセツ』『娘のトリセツ』をお読みくださいませ。

そして、気づきを起こす回路をうまく使えるようにしてやるには、「心理的安全性を確保する、共感から始める対話」が不可欠なのである。

ちなみに、最初の対応が、共感・ねぎらい・感謝のいずれかであれば、それ以降に、クールに問題点を指摘してもいい。叱られたって、心理的安全性は、少しも阻害されない。

そもそも日本語の否定はひどすぎる

子どもたちの言動に、ダメ出しをしなければいけないとき。「ダメよ、無理に決まってるでしょ」のように、主語と述語抜きの否定文を使っていないだろうか。

日本語は、主語と述語を省略できるので、パートナーや部下相手にさえも、この主語なし否定文を使う方もいる。

これ、はっきり言って、ひどすぎる。

主語なしのNOには、暗黙の主語がつく。それは、「世間」でしょう？「普通ダメだろうよ」「みんな無理だと思ってるよ」のように、世間を代表して、逃げ場のない全否定をしてしまうのである。

さらに、相手が子どもだったり、部下だったり、経済格差のあるパートナーだったりしたら、相手の脳内では二人称がついてしまうことも多い。「おまえはダメな奴だな」「おまえには無理なんだよ」のように。そう考えると、人格否定も甚だしい。

このため、主語なしNOは、相手の自己肯定感を著しく下げる傾向にある。

英語では、主語と述語をまるまる省略するのは難しい。このため、子どもの言動に反論するときも「私は……だと思う」「私には別の意見がある」「私は……じゃないかなと思う」という言い方しかできない。

もちろん、幼い子どもが熱湯に手を入れそうになったときは、「NO!」といきなりの全否定だろうけれど、意見を言うときに、主語なしでは文章が成立しない。だから、日本語のように、気軽に「逃げ場のない全否定の上に、自己肯定感をぶちこわす人格否定」をすることがない。

否定文の作り方が、親子関係を決める

五十年ほど前、『大草原の小さな家』というアメリカのホームドラマが日本にやってきた。アメリカ開拓時代のある家族の愛しい日常を描いたドラマである。当時、10代だった私は、このドラマの親子の会話に愕然とした。主人公ローラの両親が、頭ごなしに子どもを叱らないのである。

好奇心に溢れた勝気な少女ローラが、問題に巻き込まれたり、傷ついたり、ときには誰かを傷つけたりして、物語は進んでいく。世界中の、あらゆる時代の親子と同様に、ロー

ラの両親も、100%ローラの思い通りにしてやることなんかできない。

さぁ、そんなとき、ローラの両親は、共感で受けて、親の気持ちや意見を伝えるのである。たとえば、「あなたのファイトは買うわ。でも、母さんは心配なの」「きみの気持ちはわかる。だけど、父さんには別のアイデアがあるんだ。聞いてくれないか」のように。

この話法は、秀逸だ。

頭ごなしの否定と、共感受けからの主語つき否定。どちらも、娘のしようとすることに反対しているにもかかわらず、親子関係は180度違ってしまうことに、お気づきだろうか。

娘の選択を、「ダメだ。無理に決まってる」と阻止する親は、娘にとって、人生を切り拓いていくときの目の上のたんこぶになってしまう。しかも、「(おまえには)ダメ、(おまえには)無理」と聞こえているので、自己肯定感まで下げてしまうのである。

一方、娘の選択を、「気持ちはわかる」と受け止めたうえで、「もっと別のアイデアもある。聞いてみないか」と言ってくれる親は、人生の支援者に位置づけられる。その上、親の意見と、自分の意見を同等に扱ってくれたことになるので、子どもの自己肯定感が上がるのである。

あなたは、どちらになりたいですか？　疎まれる「目の上のたんこぶ」か、愛される「人生の師」か。

あなたは、子どもにどちらを残したいですか？　「どうせダメだろうな」「自分には無理だし」とつぶやく逃げ癖か、自らを信じて人生を切り拓く自己肯定感か。

後者を選ぶのなら、今この瞬間から、否定文の構文を替えよう。「いいね」か「わかる」で受けて、主語と述語を省略しないこと。

この国の家庭と職場から、いきなりの「ダメ」と「無理」を消し去ろう。この国の若者たちに、未来を切り拓いてもらうために。

第Ⅲ章　銀のルール

第Ⅰ章で述べた金のルールは、子育て全般（いや人生全般）に守るべき、脳の基本のメンテナンス法だった。脳の進化のサイクルを止めないために必須の生活条件。たまにサボるのは問題ないけど、まったく守らないと、あらゆることが思い通りにならない人生を生きることになって、人生のコスパが悪すぎるので要注意だ。

ここで述べる銀のルールは、脳の成長のステージに合わせて、脳の進化をさらに加速するためのアイデアである。後々の人生で、きっと得することになる。

1　「感じる力」調整期（0〜2歳）

ヒトは、「感じる力」最大で生まれてくる。赤ちゃんの脳は、外界のあらゆることを感知していて、忙しくて仕方ないのだ。そして、3歳までに、「無駄に感じやすい部分」を間引いて、「感じる力」を整えていく。

捨てていく脳に、こざかしい英才教育は、無駄というか邪魔になることさえある。脳は、育ちたいように育つ。それは6歳までの脳の基本姿勢だが、特に3歳の誕生日頃までは、子どものペースと、母親の気持ちの安定を最優先し、あせらず、いじらず、自然体に過ごすこと。

3歳までの脳は引き算

おぎゃあと生まれたその日、脳細胞の数は、人生最多と言われている。そして、3歳までに、その数を減らしてゆくのだ。代わりに、細胞をつなぐネットワーク（脳神経回路）が増えていく。その意味、わかりますか？

脳は、あらゆることを感じ取れる状態で生まれてくる。北極圏で生まれても赤道直下で生まれても、砂漠で生まれても海で生まれても、適応できるように。ただ、感じる力が強すぎると、脳への入力が多すぎて、とっさの判断が下せない。そこで、自分が生きていく環境で使う機能だけを残してスリム化し、思考のバリエーションを増やしてゆくのである。

つまり、3歳のお誕生日頃までの脳は、引き算なのだ。自分が生きていく環境を知って、余計な情報をそぎ落としていくとき。早期教育なんかで、いじらないほうがいい。

ようこそ、地球へ

発話前の赤ちゃんは、ひたすら、外界を感じることに脳を使っている。母親の肌の柔らかさや温かさを感じ、おっぱいを口に含んだ幸福感を反芻する。父親の大きな胸郭に響く低音の声や、家の匂いに安心し、兄姉の動く気配、祖父母のとろけそうな溺愛を感じている。季節ごとに変わる風、日差し、土の匂い、雨の匂い、揺れる花、色づく葉……。赤ちゃんを囲むすべてのことが、赤ちゃんの脳にとっては、新鮮なのである。地球へ来て、わずかな時間しか経っていないのだもの。彼らの脳は、フル回転して、外界情報を知識に換えている。ほえっとしているようで、めちゃくちゃ忙しいのである。

なので、赤ちゃんが壁に揺れる光をご機嫌で見つめていたら、そのままそっと、見つめさせてあげてほしい。散歩中に、風に揺れる街路樹に見とれたら、立ち止まってあげてほしい。彼らをかまいすぎず、忙しい大人の生活ペースに巻き込みすぎず、彼らが感じているものを母親もゆったり感じて生活するのが、この時期の最高の「教育」である。

とはいっても、たいていの母は忙しく、そうも言っていられない。私は働く母だったたからいつもバタバタだったし、上に幼い兄姉がいれば、母親の時間は戦争のように流れていく。だからまぁ、「できるとき」でけっこう。彼らの時間をできるだけ、大切にしてあげよう。

マザリング（鳴き合い）

やがて、自分の声に周囲が反応することに気づき、コミュニケーションが始まる。「あー」と声をあげると、「あー、よねぇ」と母親が応えてくれる。「ばぁ」というと、「ばぁ、なのね～」。

このとき、母親は無意識のうちに、赤ちゃんと同じ音程の声をあげているのである。子どもが高い音で「あ～」と言えば、母親も高い音で「あ～」、子どもが低い音で「ばぁ」と言えば、母も低い音で「ばぁ」。母子で、同じ音程の声をかけ合う。笑顔やスキンシップを交えながら。**マザリングと呼ばれる、この自然なコミュニケーションが、母語獲得のスタート、ことばの始まり**である。

私は今、1歳の孫の添い寝を担当しているので、幸運にも、再びのマザリングを堪能させてもらっている。1歳7ヵ月になった彼は、最近、ちょっと長めの単語を吠えてくれるので、私も吠える。今朝も「ログローダー！」（働くくるまの一種です）を二人で、大声で連呼して、最後に一緒に大笑いした。声をかけ合うというより、鳴き合いという感じ。仲間とコミュニケーションを取り合う動物たちも、母子でこの鳴き合いをするので、きっと、コミュニケーション力を養う大事なイベントなのだろう。

ザトウクジラの母子も、この鳴き合いを行う。英語圏で「唄うクジラ」と呼ばれているザトウクジラの鳴き声には、音程とリズムがある。「ズゴゴー、ズグ、ズゴゴーゴ」というように音程をつけて鳴くのだが、子クジラは最初、「ズゴ」とか「ズグ」くらいの短いフレーズでしか鳴けない。母クジラは、この短いフレーズを受けて、やや長いフレーズを唄ってやるのだ。

「ズゴ」(子クジラ)、「ズゴゴーゴゴー」(母クジラ)。
「ゴー」(子クジラ)、「ゴーズゴゴー」(母クジラ)。

子クジラのフレーズを、母クジラが反復して、少し長いフレーズを作り出す。ヒトの母親がする行為と同じだ。やがて、少しずつ呼び合うフレーズが長くなり、ザトウクジラの子どもは「唄」を覚える。こうして、母から子へ伝承される唄には方言があり、ハワイを繁殖海域にするグループと、小笠原を繁殖海域にするグループではフレーズに違いがあるそうである。

子どもを持つ前、ダイビングで訪れた小笠原で、私は母子クジラに出会った。大自然に囲まれ、吸い込まれそうな青い海に身を任せて鳴き合う母子クジラは、本当にしあわせそうに見えた。後に、息子と「鳴き合った」とき、その光景が浮かんできて、しあわせでたまらなかった。母になる、というのは、本当に素敵だ。

母なら誰でも、赤ちゃんの「あー」や「うー」に応えるとき、至福を感じると思う。この母たちの至福感が、赤ちゃんの脳のコミュニケーション欲をかき立てる。もっと母と触れ合いたい、もっと母に幸福になってもらいたい、と。こうして、ことばは溢れ出す。意味よりも先に気持ちが溢れ出すのである。

本当の3歳神話

このように、赤ちゃんのペースで光を見つめ、風を感じ、やがて至福のマザリングを始める、この時期。どうしても母親と子どもの密な関係性が大切になる。

だから、3歳神話が生まれたのである。3歳までは母親の手で育てようという、あの神託のようなキャンペーンだ（2023年現在では、これを言う人は少なくなっていると思うが、まだ姑世代が言う可能性あり）。

けど、この3歳神話は間違っている。3歳までは母子の関係が密なので、母親の情緒が子どもの脳に大きく影響する。だから、「3歳までは、母親が快適に過ごすべきだ」が、**真の3歳神話**だと思う。働くのが性に合っている母は働いたほうがいい。遊びたい母親は、遊んだっていい。もちろん、ベビーシッターは確保してね。

働く母の誇り

私は、バブル期の企業戦士でエンジニアだったので、緻密に計画を立てて、さっさと実行していくのが快感、という癖があった。24時間、赤ん坊のペースで「風よ、光よ」とやっていたら、ある日、涙が止まらなくなってしまった。子どもは、可愛くて、可愛くてたまらない。けど、24時間それを楽しめるかというと、そうではなかった。じりじりした焦燥感のようなものが小さくだけど、胸の中にできていた。時代の風潮もあったのかもしれない。

そんなとき、同居していた夫の母が「見てあげる」とあっさり引き受けてくれた。夫の両親は、自宅に工房を持つ職人夫婦だった。従来、職人の家では、若いお嫁さんはいい働き手なので、子育ての主役はおばあちゃんだった。義母は「息子の子育てを存分にできなかったから、孫はずっと私の傍において、おぶって買い物に出てあげるのが夢だった」と言ってくれた。義母のミシンの音は、カタカタカタと気持ちいい。この音を聞きながら、息子は、工房の片隅ですやすやと寝てくれた。おかげで私は、息子が生後2ヵ月半のとき職場に戻ったのだった。

朝会社に行って、お昼に授乳に戻り、また会社に行って、夕方帰るという生活を、息子の1歳の誕生日まで続けた。東京の蔵前と、川崎市中原区との2往復である。片道50分の2往復だった。もちろん、電車の中でも仕事をした。

けれど、息子に逢う、ということが、こんなにも楽しいなんて。うれしくて、うれしくて、電車の最後のひと駅なんて、空席があっても座っていられない。逢えたら、二人の間に電気が走るみたいだった。前世からの運命の恋人に逢えたかのようなうれしさで、彼を見つめ、彼とともに笑い、彼と「鳴き合い」、彼と一緒に寝た。起きて一緒にいる時間は半分になったが、密度は3倍になったように思う。

私は、この選択に迷いはなかったし、後悔もしていない。14歳になったとき、息子は、きっとリップサービス半分だろうけれど、「ちっちゃい頃、働くママは輝いていて自慢だったよ。夕方、逢ったとき、ホントうれしかったね」と肩を抱いてくれた。

一方で、そうやって寝食を削っていた産後の私に、「3歳まで母親が育てないと、おたくの子、犯罪者になるよ」と平気で言う人たちもけっこういた。あの人たち、どんな根拠で、あんなことを言ってギリギリの気力・体力の母親を傷つけたのだろう？　あるいは、どんな意図で？

働くお母さんたちは、今も、そんな意地悪なプレッシャーにさらされているのかしら？だとしても、毅然と頑張ってください。そして、子どもと一緒にいる時間を、しっかりと密に過ごしてね。3歳までの育児の基本は、母親が満ち足りた幸福感とともにあることだと私は思う。

母親に専念できることの偉大さ

一方で、きっぱり母親業に専念できるなら、それも本当に偉大なことだと思う。

以前、テレビで、千住文子さんという女性のインタビュー番組を拝見した。日本画家（千住博氏）、作曲家（千住明氏）、世界的に有名なヴァイオリニスト（千住真理子氏）の3きょうだいを育て上げた、「天才母親家」である。たいへん聡明な方で、ご結婚前は研究者だったそうだ。おそらく、そのまま研究をまっとうしたら、大博士になられただろうと思いつつ、インタビューを聞いていた。

この方は、母親業を心底楽しんだ方だ。子どもたちと一緒に遊び、笑い、ユーモアに富んだ日常を楽しまれた。そうして、子どもたちの自発的なペースを大切にし、彼らの魂の声を聴いていたのだと思う。子どもたちは、それぞれに世界的な芸術家として溢れるような才能を見せてくれている、日本の宝の方々である。その宝3きょうだいが、母を宝物のように大切にしている。

しあわせそうな親子の風景を拝見していて、たしかにこういう生き方もあったなぁと思った。母親として、王道の生き方だもの。

千住さんを拝見していて、世界中のどの母もしあわせであってほしいと、祈るように思った。母たちが、日々を心から楽しむこと。まずは、それが大事だと思う。働かずにすみ、育児を心から楽しめる人は、本当にしあわせだ。迷わずに、その時間をまっとうしてほしい。けれど、いろんな事情で働く時間も必要な人は、上手にサポート態勢を作って、仕事も育児も聡明に楽しめばいいと思う。何でなきゃダメ、というのは存在しない。あるとしたら、「母はしあわせでなきゃ、ダメ」だけである。

ことばと感性

さて、話を戻そう。

母親に向かって溢れ出す、赤ちゃんの気持ち。そして、「あー」「うー」で語り合う、始まりのことば。

このとき、気持ちと一緒に溢れる発生音は、母音である。母音は、日本語で言えばアイウエオの五音に当たる。ＫやＳのように息を破裂させたり擦ったりせず、自然発生的に出る音声のことだ。

じつは、各国の子どもたちが、３歳までに、その国の言語の母音を習得して、固定させる。

日本人の赤ちゃんも、２歳までは、フランス語のようなアとエの中間の母音も美しく発音できるのに、３歳になると、日本語のアイウエオに固まってしまう。このため、焦って外国語教育を始める親がいるが、それは見当違いである。

母音は、気持ち（意識の方向性）を表す、コミュニケーションの基本だ。日本語なら、５つの意識の方向性がある。開放的で、始まりのイメージを持つア、相手に向かってまっすぐに入り込むイ、受け身のウ、退く（距離を置く）エ、包み込むようなオ。

たとえば私たちは、「私は」とか「私の息子が」「私の好きなのは」のように、話のテーマを示す主部には、ア段の助詞をつける。「これから、この話をするから、聞いてね」という、序の気持ちを添えているのだ。話の受け手も、その気持ちを受けて、無意識のうちにうなずいたり、目線を合わせたりしてあげる。

「学校に行く」「あなたに首ったけ」のように、目的に向かってまっすぐに入り込む助詞はイ段だ。ＰＴＡのお母さんたちは、なぜか「学校へ行く」と言う人が多い。ちょっと後ろ向きの気持ちが入っているのかも？

包み込むようなオ段の助詞は、「あなたを愛する」「これをあげる」のように、対象物を両手で包み込むような意識のときに使われる。「あなたを愛する」と言われたとき、意味だけじゃなく、ヲの包み込むような優しさも、私たち日本人は交換するのである。大切なものの語頭につける「お母さん」のオも、その気持ちとともにある。

外国語の習得は、母語を阻害しない程度に

こうして、母音は意識の方向性としっかり結びついている。脳における母音の確定は、

これで会話をしていきますよ、という言語の最初の決まりである。確定前に、外国語のあやふやな母音を混在させると、コミュニケーションの軸が定まらない。将来、「あの人には、いまいち、気持ちが伝わった感じがしない」と言われ、コミュニケーション障害を抱えることにもなりかねないのである。

したがって、わが子の母語を日本語と決めたら、母音が確定する2歳までは、他言語を混ぜないほうがいい。けど、もちろん（何度も言うけど）親が外国語を習わせたいのなら、そうすればいい。他言語を融合した言語モデルが、その脳には合っている可能性があるから。

ただ、その場合も、母語（第一言語）を明確に決めて、母語の語彙力を阻害しないようにしてあげてほしい。たとえば、外国語の習得にこだわるあまり、母語を禁止する時間を作るような過度な外国語の押しつけをすると、母語の語彙やそれに紐づけされる感性に欠落が生じてしまうことがある。これは母語喪失と呼ばれる現象で、とっさに自分の思いをうまく言語化できないので、コミュニケーションが取れず、結果、感情がコントロールできなくて、突発的な行動をとる傾向として現れる。

ちなみに、自分は外国語を習わせたいわけじゃないけど、ママ友に「英語は1歳から習わせないとダメ」と決めつけられて、英語教室の入会を断り切れない——はナンセンス。即刻、断りましょう。「うちの子なんて、日本語だけで精一杯よ〜」と明るく逃げるのがコツ。

なお、両親の母語が異なる場合、子どもの母語は、二つ混ぜこぜの母語ミックスというスタイルになる。そして、日常より多く使われる側の母語が優勢なかたちで確定する。

この優勢の母語は、母親の母語、あるいは母親がその子を身ごもってる間により多く使っていた言語を選択することが望ましい。なぜなら、お腹の中で、母親のことばを臨場感たっぷりに味わっているからだ。横隔膜や腹筋の動き、声の響き、感情の変化などで。

母親のことばは、子どもの脳の深い深い場所に、感性の原点を作る。だから私は、妊婦さんにしあわせでいてほしい。情感豊かなことばを、たくさん言ってほしいから。そうそう、ネガティブなことばも言っていい。脳の感性の地図は、喜怒哀楽の落差が作り出すからね。怒りや悲しみも、大事な情感の一つ。ただ、ストレスがありすぎると、人は情感のことば（おいしい、うれしい、ありがとう）を言わなくなる。そうならないでほしい。

母語ミックスで育つと、将来、どちらの言語のコミュニケーションにおいても、微かな違和感や理解の齟齬《そご》が生じる可能性がある。けれど、いずれも親の母語なのだから大丈夫。どちらの母音も、心の実感と結びついているからだ。したがって、コミュニケーションのわずかな違和感も個性のうち。独特のミステリアスな魅力として受け取られるので気にしないでいい。

帰国子女が、ときどき深刻なコミュニケーション障害を抱えるのは、単に外国文化で育って、日本文化になじめないからではないのである。海外に連れ出す年齢によって、親の母語でない外国語、すなわち心の実感と結びつかない言語で、思考の基礎を作っていたりするからなのだ。

海外で子どもを育てる場合、子どもの母語を何語にするかは、しっかり自覚しておいたほうがいい。母語の語彙が欠落しないよう、母語の対話の量をある程度確保する配慮も必要だ。学校で使うことばが母語でない場合、家庭内の母語の会話を大切に。また、子どもの母語を日本語に決めたら、他の日本人の家族との付き合いや、日本語の本の読書や日本語のドラマなど、親以外が使う母語に触れる機会を増やしてあげてほしい。

習い事もゆっくり始めよう

3歳までは、子どものペースと、母親の気持ちの安定を最優先し、あせらず、いじらず、自然体に過ごすのが銀のルール。睡眠の取り方も、できるだけ、子どものペースで。

　したがって、決められた時間に何かするというお稽古事は極力避けたいが、核家族の専業主婦で、親子連れの友だちも少なく、社会から隔離されたように感じるのなら、母親の気持ちの安定のために、お稽古事やサークルに参加するのも悪くない。

　どうか、親子して、しあわせに過ごしてください。青い海にたゆたっていた、ザトウクジラの母子のように。

散らかっている部屋が、理系のセンスを育てる

　そうそう、男の子のお母さんに、赤ちゃん期のアドバイスを一つ。

　男性は、生まれつき、「近くより、遠くに興味が行く」脳の持ち主。男の子は、手元にあるおもちゃより、少し離れた場所にあるおもちゃに興味を示し、そのおもちゃへの距離計算をして、空間構成力を養っているのである。また、実際にハイハイして、そのおもちゃにたどり着き、脳の距離計算の正しさをたしかめてもいる。

　男の子が、部屋中をおもちゃで散らかし放題にし、あっちの車で遊んでいたかと思ったら、こっちの電車を触り……とやるのは、彼らの脳が、こうして距離計算を楽しみ、空間

構成の学習をしているからなのである。

女には、この気持ち、ちょっとわかりかねるので、つい「新しいおもちゃを出すのなら、今遊んでいるおもちゃをしまいましょう」とやりたがる。危ないから、と、おもちゃを取ってやったり、ひどいときは、ベビーサークルに閉じ込めたりする。

でもね、これをやると、もったいない。数学やメカに強い、男の子らしい脳に育てたいと思ったら、少なくとも3メートル以上の範囲に、おもちゃがばらばらに転がっている状態が望ましいのだ。つまり、男の子の子育ては、部屋が散らかる。きれい好きなお母さんには、ちょっとつらいけど、息子の脳を優秀にするために、目をつぶろう。

抱き癖の何が悪い？

最後に、「抱き癖」について。

これは、いまだに、世代の違う女たちの間で意見の分かれることらしい。赤ちゃんが泣き始めて、お母さんは抱いてあげたいのに、おばあちゃんが「抱き癖はダメ」と止めるケースが多いようである。

脳科学の立場から言えば、赤ちゃんが泣き出して、誰か抱ける大人が近くにいるなら、どうぞ抱いてあげてください。

赤ちゃんが泣くのは、なんらかのコミュニケーション、不快を知らせる合図でもある。泣けば、大人が反応してくれる。この積み重ねが、親や社会への信頼の基礎になる。泣いても誰も振り返ってくれない。やがて、あきらめて泣き寝入り——こんな原体験を、子どもの脳に刻むのは、私には胸が痛い。だから、放っておかないでほしい。

ただし、あやしすぎないこと。抱き癖で問題なのは、抱く行為ではなく、泣きやませようとして、大げさにあやす行為なのである。

泣く、という行為は、脳にとっては、なんとも気持ちよいストレス解消の行為である。涙には、ロイシン‐エンケファリンという、ストレスによって生じる神経反応を緩和する脳内麻薬の一種も含まれているのが確認されている。つまり、涙を流すと、ストレスを緩和する脳内物質が分泌されるのだ。ほら、涙を流すと、なんだか、満たされたような優しい気分になるのを感じませんか？　たとえ状況が改善されなくても、泣くという行為によって、とりあえず精神的なパニックからは立ち直れる。あれは、脳内麻薬の効果なのである。

赤ちゃんは、身体の不快を泣いて知らせるが、ときには、ストレス解消のためにも泣く。オムツも濡れていない、暑くも寒くもない、お腹も空いていないはずなのになぜか泣きやまないとき、彼らは、泣きたくて泣いているのだ。

つまり、泣きやまそうと思って大げさにあやすのは、大きなお世話なのだ。あやされると気が散って、赤ちゃんは泣きやむものの、ストレス解消が中途半端に終わってしまう。その後の眠りの質が悪くなって、またぐずることにもなる。だから、夜中に何度も抱くことになり、「抱き癖」になっちゃうわけ。最初のぐずり泣きにしっかり付き合ってあげたら、あとはぐっすり眠ることが多い。

というわけで、抱き上げること自体はＯＫである。ただ、ちょっと声をかけて、それでもまだ泣くようなら、抱いたまま、思いっきり泣かせてあげて。

我が家は、隣と壁一枚の下町の家なので、息子の夜泣きは、ご近所を気にする義父母のストレスになってしまった。そこで、息子が夜中にぐずり始めたら、抱っこして近所の神社まで行き、思い切り泣かせてやっていた。昼間の2往復通勤の上に、深夜3時の散歩である。若いからできたのだと、つくづく思う。でも、夜泣きなんて、身体が思うように動かせない、ほんのわずかな間のこと。夜中に神社で息子と抱き合っていた時間は、今となっては、本当にいい思い出である。

そして、2023年の今は、1歳の孫のぐずりに付き合って、ときおり深夜の街を徘徊する。抱いて夜風の中を歩くうちに、彼の身体がぐっと重くなって、やがて眠りに落ちる。その瞬間の愛しさに、胸がきゅんとなってしまう。で、いつも思うのだ。これが、最後なのでは？　抱いている腕の中で寝落ちするなんて、永遠にしてくれることじゃない。ある日急に、バァバの腕なんかいらなくなるのである。それが今日でありませんように。祈るようにして、夜の街を歩いて帰る。――抱き癖の何が悪いわけ？

2　地球実験期（2〜3歳）

生まれてきて、外界を受け入れるだけだった赤ちゃんの脳に、やがて、「やりたい」「欲しい」などの欲求が芽生える。1歳にもなれば、ことばはまだそれほどしゃべれないくせに、明確に「やりたいこと」「欲しいもの」があって、なかなかに手ごわい。

我が家の1歳児もご多分に洩れず、リビング中を縦横無尽に走り回って、あらゆるものをめちゃくちゃにしてくれる。彼が保育園に出発した後なんて、つむじ風が通ったのかと思うくらいだ。

とはいえ、まだことばが巧みでないのと、執着もあっさりしているので、大泣きしても、アンパンマンで気をそらすことができる（やなせたかし先生、本当にありがとう）。

外界と自分の関係性を探る

これが2歳にもなれば、口答えもするので、けっこう憎たらしくなってくる。息子が小さい頃、子育ての先輩が、「2歳は憎い、3歳はさんざんよ」と教えてくれたっけ。

もちろん、親に嫌がらせをしているわけじゃない。自分と外界の関係性をたしかめているのである。自分のアクションが、外界にどんな影響を与えるのか、それを繰り返し実験している。ダメと言っても、何度も繰り返す。かといって、親がやってほしいことは無視。親から見れば「今までのように、言いなりにならなくなる」ので、昔は反抗期、今はイヤイヤ期と呼ばれている。私は、地球実験期と呼んでいる。

外界を受け入れる一方だった赤ちゃん脳が、外界との関係性を探る子ども脳に変わるこの時期……。

たしかに親にとっては手を焼く時期だけど、彼らの脳にとっては、人生最初の臨界期（成長の階段を大きく上がるとき）である。最初の反抗なんて、お祝いしてあげたいくらいの、素敵な出来事だ。

1歳児も、スプーンを何度も投げる、わざとミルクをこぼすなど、なかなかのご無体をしてくれるが、これはコミュニケーションのうち。親が大げさに驚いてやると、なんともうれしそうでしょう？ 無関心のふりをすると、本人も簡単に興味を失うことも。ま、対話の一つだと（かなりブラックユーモアの効いた対話だけど）思っていれば、何とかやり過ごせる。

しかし、2歳児になると、もうちょっと根が深い。自分のしでかしたことの成り行きを観察しているので、しつこく繰り返すし、2歳児ならではのへんちくりんな屁理屈も言う。子どもによっては、感情も爆発させるし、乱暴もする。

親としては超イライラするが、これが、自分と外界の連係を意識し始めた「始まり」なのである。「わぉ、成長してきたわ」と、わくわくしてください。

執着も乱暴も感情の爆発も、脳の発達からいったら、ある段階では必要で、誰でも当たり前に通る道だ。「思う」ことが未熟だし、身体の動かし方も未熟なので、彼らにとっては「思った通り」にいかないことが山ほどあるからね。しかし、だからこそ、試行錯誤の「実験」を繰り返し、「思う」という機能を鍛えていくわけである。

2歳児にとっては、ママを困らす行為も、脳の「実験」のうち。こうしたらどうなるか、もう少しこれをやってみたい……科学者のような好奇心の芽生えなので、あんまり抑え込むのもどうかと思う。

家事の段取りがくるうとか、家が汚れるとか、人前でされたら躾ができていないみたいでカッコワルイとか……親としては悩むわけだけど、長い人生のわずかな時間である、家が汚くたっていい、なんなら外出しなくたっていい、くらいにおおらかに考えてもいいのでは？

大いなる実験の始まり

うちの息子は、1歳半の頃、ボックスタイプのティッシュを片っ端から引き出して遊び、私を「キーッ」と言わせていたが、おばあちゃんもおじいちゃんも、「誰でも通る道」と言いながら叱りもせず、撒《ま》き散らしたティッシュを拾って使っていた。それを見て私も肝が据わり、基本的に「叱る」ということは考えなかった。

布団に水差しの水を撒く、冷凍庫の中のものを全部出す、棚のCDをすべてぶちまけていくつかのケースは破損する、油性ペンでフロアマットに渦巻きを描く（これらはすべて、孫息子によってこの週末に我が家で実際に起こったこと）などなど、家の中のことで、「いたずら」ですまされることは、英才教育だと思って見守ってはどうだろうか。

好奇心の赴くままに、心ゆくまで実験できた経験は、やがて人生のさまざまな局面で活きてくる。勉強へのやる気も、案外、こんなところに端を発しているのである。

だって、脳が最初の好奇心をほとばしらせたときに、あらゆる実験を阻止しておいて、のちに「あんたはなんで、やる気がないの」と叱るのは、子どもたちにしてみたら「どういうこと？」って感じじゃないかな。**子どもの脳にしてみたら、今日のいたずらと、未来の物理学実験の間は、シームレスにつながっている。**あるところまでは叱られて阻止されて、あるところからは「なぜ、やらない」と叱られてもねぇ。

そう考えると、のちに「やる気スイッチを押してもらいに塾に通わせるコスト」を考えたら、多少のいたずらに目をつぶることは、かえって合理的かも。

ほとほと困ったときは、相談してみる

年齢が進んでくると、母親が途方にくれたり悲しんだりするのがわかるようになる。そうなったら、本人に相談してみる、もあり。

公園で遊びに夢中になって帰りたがらなかったとき、「困ったな、どうしよう。このまじゃ、カレー作る時間がなくなる」と途方に暮れると、「帰るよ〜」と言ってくれたりしたことも。もちろん「たまごご飯でいいよ〜」と言われて玉砕することもあるけど。

あとは、「頼むよ。カッコワルイから、大きな声を出さないでくれよ」のように、びびったふりして声を潜めて言うと、なぜか息子もびびって言うことを聞いてくれたりしたっけ。こうなると、どうしたら意思疎通できるかのゲームみたいで、私も楽しかった。

いっそ一緒にとんでもないことをしてみる

そういえば、息子が3歳のある日、山手線の中で、即興で歌い始めたことがあった。おもちゃのウクレレを弾きながら、「うんこ」と「ちんこ」を繰り返す歌だったので、当然、「頼むよ。やめてくれよ」と頼んだ。けど、親の狼狽と周囲の失笑がうれしくて、や

めてくれない。仕方なく、無理やり電車から抱え降ろして、ホームの端っこで一緒に歌ってから乗ることにした。30過ぎてから、駅のホームで「うんことちんこの歌」を歌うなんて、思いもよらなかったけど。

そんなことを3駅ほど繰り返しただろうか。最後は、「歌いたくなった」「え、次の駅までがまんしてね」「もれちゃう、もれちゃう」「ほらほら、口を押さえて」なんて言って、親子でくすくす笑ったっけ。時間に余裕があれば、こうして、彼らの脳の実験を一緒に楽しんじゃうのも手である。

また、ある日、息子がうどんを手首に巻いたので、「どんな感触なんだろう？ 脳のどこを刺激するのかな？」と思い、同じようにしてみたこともある。そうしたら、面白いことに、息子が脅えて「ママ、やめなよ」と言うのだ。幼児といえども、悪いことはうすうすわかって「実験」しているのだろう。びっくりして止めてくれるはずの母親が真似したので、かえってびびってしまったのである。

これを逆手にとって、あんまり言うことを聞いてくれないお子さんなら、ママも子ども以上の嬌声をあげちゃうとか、座り込んじゃうとか、1回くらいしてみるのも手かもしれない。

だって、あるとき、お友だちとレストランで嬌声をあげていた息子に、「面白そうね。ママもやっちゃおうかしら」と声をかけたら、息子はぴたっとやめたのである。

お友だちが「本気なわけないじゃん。大丈夫だよ」と声をかけたのに対して、息子はきっぱりと「いや。うちのママは、何するかわかんないとこあるから」と答えていた。

子どもと一緒にとんでもない行動をしてみると案外爽快だし、「ママやるなぁ」と思われることもあるし、子どもがどん引きして困った行動をやめてくれることもあるし、のちのちの抑止力にもなるし……で、試してみる価値はある。

してあげられないときも、気持ちだけは受け止める

あるとき、うちのおよめちゃんが、こんな話をしてくれた。

「今日、地下鉄の駅に降りる階段のところで、小さな子が電車に乗りたがって泣いてたんだよね。そしたら、親が『そんなこと言うと置いてくからね！』って叱ったわけ。で、思ったんだけど、お母さんは絶対そんなこと言わないでしょ？　私自身はそんなふうに言われて育ったから、黒川家にお嫁に来なかったら、きっと何も考えずに、その場を通り過ぎたと思うし、自分の子どもにそういうことを言ったと思う。だけど、今は、これが違うっ

てわかる。知るって大事だよね」

そう、私は、駄々をこねる息子に、いきなり冷たくしたことはない。したい気持ちだけは受け止めてきた。地下鉄に乗れなかったとしたら、せめて、一緒にうんと悲しんで、抱きしめながら、その場を去る。

おそらく、駄々をこねた子を叱って突き放すのは、親が「子どもが駄々をこねたこと」自体にうんざりしてイラついているからだよね？　いやいや、駄々をこねたこと自体は、脳の立派な行いである。自分の思いをまっすぐに表現して、あきらめたり、逃げたりしない姿勢なのだから。将来、その回路を使って、困難な新事業を成功させたりするのである。そこに、どうかイラつかないで。思いを遂げさせてあげられないなら、せめて同情してあげよう。

あるとき、高価なミニカーを欲しがって座り込んだ息子のかたわらにしゃがんで、「欲しいよね〜、わかるよ」と同情しているうちに、なんだか涙が滲んできたことがある。そうしたら、息子が、立ち上がって、私の背中をさすりながら「そこまでじゃないよ。大丈夫。行こう」って優しく言ってくれた。

ヒトは、気持ちさえ受け止めてもらえたら、案外、気がすむこともある。幼い子どもでも、親の誠意はきっと通じる。

もちろん、実力行使もあり

食べ物を粗末にするとか、お友だちや生き物をいじめるなど、人間としてたとえ「実験」でも容認できないことをしたときには、叱るというより、はっきり感情を込めて怒るべきである。

うちは、お菓子を投げたりしたら、そのお菓子は取り上げて二度と渡さなかった。同じ種類のお菓子もしばらくは買ってやらない徹底ぶりだったので、息子は間違ってお菓子を取り落としたときも、大あわてで拾っていた。

多くのことを許す代わりに、「これだけは許せない」はきっぱりとそうする。誰の前であろうと、例外はない。

「散らかしたらダメ」のような、大人の生活しやすさのために、日常習慣的に叱るのは、彼らの脳の実験を阻害して好奇心を萎えさせるし、そのうち、ママの怒りにも鈍感になって、「本当に許せないこと」が伝わらない。メリハリが大事だと思うよ。

3　なぜなぜ期（4〜7歳）

4歳は、子どもの質問が炸裂するときである（もっと早くから始まる子もいる）。「お空はなぜ青いの？」「花はなぜ咲くの？」「ママのお腹はなぜ出っ張ってるの？」のように、目についたものをなんだって質問してくる。ときには、答えても答えても質問が返ってきたりもする。「パパはハンバーグ2個なのに、なんでゆうちゃんは1個なの？」「小さいからよ」「なんで小さいと1個なの？」「食べ切れないからね」「なんで、小さいと食べ切れないの？」……ふぅ。

これらの質問、どうか優しく受け止めて。

質問を祝福しよう

第Ⅱ章で述べたように、ＡＩ時代を生きる人類に求められる資質の最たるものは「ＡＩへの質問力」である。質問力とは、命題を見つけ出す力でもある。この世の森羅万象の中から、ある事象を選び出す力だ。空が青いことに気づいて疑問を抱くなんて、なんて知的な行為なのだろう。質問力は、発想力の母でもある。

子どもたちの質問自体は、ときに親にとってくだらないかもしれないが、質問したこと自体は、とても崇高で知的な行為なのである。まずは、それを祝福してほしい。「いいところに気づいたね」「そうきたか〜」「ママも気になっていたの」のように。

質問を叱ったり、からかったり、無視したりすると、子どもはやがて質問しなくなる。怖ろしいことに、浮かんだ質問を呑み込むうちに、質問そのものが浮かばなくなるのである。質問力が問われる時代に、それはとても惜しいことだと思う。

AI時代に必須の「感性の翼」を子どもにあげるために、子どもの質問を祝福しよう。

あなたはどう思う?

質問に答えられなくてもいいのである。

質問に答えられないとき、「あなたはどう思う?」って聞いてみて。素敵な答えが返ってくることがある。

「わからない」と言われたら「ママもわからないの」と言えばいい。「将来、わかったら、ママに教えてね」と。

子どもの質問攻めにうんざりする気持ちもわかるけど（たいてい答えようがないし）、「いいところに気づいたね。ママもわからないのよ。あなたはどう思う?」のように返してやれば、ストレスなく片がつく。

あらゆる所作を身につけるとき

4〜7歳は、小脳の発達期でもある。小脳は、空間認識と身体制御をつかさどり、直感力を作り出す器官だ。このため、自分と外界との空間関係性を認知し、日常の所作を身につけるときである。同時に、直感的な判断力が養われる。

たとえば、「歩く」という行為。ヒトは、ちょっとしたでこぼこ道でもスタスタ歩けるし、狭い通路でも、壁にぶつからずにすんなり歩ける。狭い通路で、向こうから人が来ても、肩を斜めにしてすれ違うことができる。

これをロボットにさせようと思ったら、たくさんのセンサーを連携させないとうまくいかない。しかも、ひらりとかわすようにして美しく歩き続けることなんて、いまだ実現していない。

「床面の状態にかかわらず、狭くても、混み合っていても、滑らず転ばず、ぶつからずに流れるように歩く」という行為は、空間の変化を認識しつつ、自らの動作を微細にコントロールした結果としてできる、かなり知的なことなのである。

私たち人間がこれを上手にやってのけるのは、無意識のうちに、小脳がこの制御を担当しているから。小脳は、空間認識と運動制御の司令塔。その小脳が、7歳までに、空間と所作の関係性を覚えてしまうのだ。

壁や他人にぶつからずに歩く、コップの水をこぼさずに飲む、よどまずに話す、球を投げる、球を打つ、楽器を奏でる、舞う。あるいは、組み立てる、描く、文字を書く。こういう微細な身体制御を必要とする動作を、脳は、7歳までにその基礎を完成させる。言い換えれば、「見たことも、したこともない所作」を、8歳以降に獲得しようとしてもなかなか困難なのである。

というわけで、7歳までの小脳の発達期には、ダンスもスポーツも楽器演奏も、工作も料理もお絵かきも、なんだって幅広く経験してほしい。幼稚園や保育園のさまざまなプログラムは、そのためにある。脳の発達期には、脳自体も好奇心で溢れかえっている。親子で、たくさんの体験を、楽しんで。

お稽古事は7歳までに始めるとアドバンテージがある

スポーツや芸事など、微細な身体感覚を競うような分野で子どもを活躍させようとするなら、子ども脳が安定した4歳から7歳までの間に始めさせることだ。

もちろん、その前から始めてもいいのだが、1歳で始めるのと4歳で始めるのとでは、長じた後の差で言えば、そうは変わらない。その分野で頭角を現せなかったときのリスクを考えるなら、3歳まではゆっくり遊ばせ、脳の可能性を全方位に広げておいて、特別なことは4歳以降で始めればいいと思う。

昔、花柳界では、「芸事は6歳の6月6日に始めるとよい」とされていた。数え年だから、今で言う4～5歳に当たる。昔の人は、よく、脳の発達の本当のところを見抜いていたと思う。きっと、多くの芸事の名人たちが、その時期に始めていたからなのだろう。逆に言えば、この時期が、お稽古事の開始適齢期ということになる。

とはいえ、あせることはない。

8歳までに、野山を駆け回ったり、公園での自由遊びで十分に楽しんでいるのなら、芸事やスポーツに必要な所作がけっこうそろっている。

十分に遊ばせて、ゆっくり始めたって、その脳に合っている種目なら、必ず頭角を現すのでご安心ください。

「始めた以上、最後までやり通す」はしなくていい

「簡単にやめたらダメ」という親御さんも多いと思う。苦しい時期を乗り越えた先に、案外「やめなくてよかった」と思うこともあり、一理あるとは思うけど、私自身は、子どもが飽きたら粘らなかった。

なぜなら、脳に合うアイテムに出会ってほしかったから。脳に合うものは、きっと、脳がやめたがらない。やめたがる以上、もっと脳に合うものがあるはずだから。

お稽古事は、嫌になったらやめればいい、またやりたくなったら戻ってもいい。その気楽さの中で、真に脳に合う「夢中になれるもの」に出会えばいい。

ただし学校の勉強は、やめたらダメ。足し算や引き算に興味を感じられなくたって、生きるために必要だし、方程式に興味を感じられなくたって、三角関数や微分積分で数学の魅力に目覚めることもある（私自身がそうだった）。そして、そのセンスが、一見無関係に見

える感性の研究にも役に立っている。

世界中の国で、子どもたちに必ず教える教科には、大いに意味がある。学校の勉強については、目先の「つまらない」「学ぶ理由がわからない」みたいなことでやめてはいけないと、私は思う。

というわけで、学校の勉強で「投げ出さない訓練」をしているのだから、習い事のほうはいいんじゃないの？

4　言語脳完成期（7〜8歳）

空間認識と所作、言語の機能が完成する7〜8歳。

言語脳完成期の大きな特徴は、長い文脈を理解するようになることである。

このとき訪れる静かな反抗期がある。

沈黙の反抗期

働くお母さんが、朝、いなくなる。

幼児のうちは、大泣きで別れても、「今、ママがいなくなる」のが寂しいのにすぎない。夕方まで長いなぁとか、こういうとき不自由するよなぁとか、未来への予測が働かないから、悲しみも長引かないのだ。

保育園に預け始めた当初、朝のお別れに1歳の息子があまりに悲しそうに泣くので、私も涙ぐみながら駅に向かっていた。ある日、忘れ物に気づいて保育園に戻ったら、なんと、3分前にはこの世の終わりみたいに泣いていた息子が、満面の笑みでプリンを食べているのを目撃してしまったのだ。な〜んだ、と力が抜けた。まぁ考えてみればそうである。短い文脈しかキープできない幼児の脳で、そう長く悲しんでいるわけもない。

やがて、夕方までの長さがわかるようになって、彼らの悩みはちょっと深くなるが、同じ頃に、友だちと遊ぶのがぐんぐん楽しくなるので、まぁ、大丈夫。

もう少し長い文脈が理解できるようになると、「今日は、ママ、遅いなぁ。そういえば、昨日も遅かった。明日も遅いのかしらん」と、過去の分析と、未来の予測ができるようになる。

そして、7歳ともなれば、「考えてみれば、ママは、よく遅くなるんだよね。ママはさ、ぼくより、仕事のほうが好きなんじゃないかな」という、とんでもないところまで文脈が届くのだ。

言語脳完成期、こうして母親たちは、思いもよらぬ疑いをかけられることになる。専業主婦といっても油断はできない。別の理由で、「ふ〜ん。ママの愛情は、そんなもん」と思われている可能性もある。長い文脈が設定できるようになり、つい、悲観的な文脈も作ってしまうのだろう。

問題なのは、言語脳完成期の脳が、この嫌疑をことばにして語ってくれないこと。静かに疑って、沈黙のうちにストレスを溜め込んでしまうのである。

働くお母さんの多くが、子どもが7歳半ばから8歳の頃、「お腹が痛い」「頭が痛い」と訴えて学校に行きたがらなかった期間があったと話す。

私は、これを「沈黙の反抗期」と呼んでいる。

愛を伝える方法

あるとき、女性経営者の会合でそのことが話題になり、息子がちょうど7歳だった私は、先輩ママからこんなコツを教えられた。

「8歳近くになると、お腹が痛いといって、何日もぼんやりと学校を休むことがあると思うわ。それは、仕事の責任を優先してきた母親への、長い間の鬱積だから、ここでちゃんと、仕事よりあなたが大事、ということを知らせてやる必要がある。けど、ことばで愛してるって言うだけじゃダメなのよ。子どもに手帳を見せるの。で、仕事の予定が入っているところは仕方ないとして、『空いている日は全部あなたにあげる』って伝えるのよ。赤ペンを渡して、『あなたが、ママに家にいてもらいたい日に丸をつけて。ママは、ちゃんと家にいてあげる。仕事よりずっと、あなたが大事だから』って。

もちろん、子どもが丸をつけた日、本当にちゃんとすべて、会社を休むこと」

彼女はこともなげに、そう言い切った。ちょっと驚いた私に、彼女は笑って、こうつけ加えた。

「大丈夫よ。見開き1週間の手帳なら、子どもは、その1週間に必死に丸をして、それで気がすむから。いくら忙しくたって、愛する子どものためなら、1週間くらいなんとでもなるでしょ？」

「それに」と彼女は、意味深なことを言った。「2度目はきっと、ないと思うわよ」

それから、2ヵ月ほどして、その日は本当にやってきた。

2年生になりたてのゴールデンウィーク明け、7歳9ヵ月の息子は、いったん登校したのに「お腹が痛い」と言って帰ってきた。熱があるわけでもないので、その日はただ、ゆっくり過ごさせた。同じような日が3日続いて、私も覚悟が決まった。

私は、彼の目の前に手帳を広げた。「字が書いてある日は、仕事の約束があって、ママは家にいられれないの」。そう切り出したら、「わかってるよ」と、いかにも素っ気ない返事が返ってきた。

「でもね、ここから先」と息子に、白い枠を指で示す。「白いところは、全部、あなたのものよ。ママは、働くのが好きだけど、それよりも、あなたのほうがずっとずっと大事。あなたが休んでほしいと思う分だけ、赤い丸をつけていいわ。ママは、会社を休んで、ずっと傍にいてあげる」

息子は、赤ペンをぎゅっと握り、下のページにペンの跡が残るくらいの強さで大きな赤丸を書いた。私は、このときの、強く握りすぎて白くなっていた息子の指の関節を思い出すと、今でも涙がこぼれそうになる。私のことを、あんなにも必要としてくれていたなんて……。

なのに、そのときの私ときたら、次のページにも丸がついたらどうしようと、考えていた。30代の若さで、仕事の責任も気になっていたのだ。今思えば、ばかばかしい。息子が、もし手帳を赤丸でいっぱいにしたら、仕事を辞めればよかったのだ。子育て以上の責任なんて、社会には転がっていない。

でも、先輩ママが言った通り、まるまる1週間分の赤丸を書いたところで、彼は、ほっと一息ついた。彼は翌日から、元気に学校に行くようになった。

1ヵ月ほどして、その週はやってきた。「ママ、エプロンして、髪を一つにしばって、手作りのおやつ作ってね。お友だち、連れてきてもいい?」と、息子は期待満々だ。息子の理想の母親像を、私は、このとき初めて知った。しかし、なんとまぁ、ステレオタイプなのかしら。とりあえず、彼の希望はちゃんと聞いてあげた。しかし、私の希望も聞いてもらうことになった。

何せ、ここまで、躾けてなかった息子である。「ただいま～っ」と帰ってきたら、玄関にランドセルと制服のズボンを脱ぎ捨て、パンツ、靴下、上着、シャツ、と、彼が歩いた道のりに、点々と脱いだ服が散らばっていく(なぜ、下半身から裸になる?)。

考えてみれば、いつもはこれ、私が無意識のうちに拾い集めていたのである。当時はあまりにも忙しくて、これくらいは無意識にやってのけないと家が片付かなかったのだ。はっと気がつき、反省する母。当然、「ランドセルは、机の上。上着とズボンはハンガーにかけて、シャツ、パンツ、靴下は洗濯機の中!」と叱られる息子である。さらに、寝転んで漫画を読む前に、宿題のチェック。約束どおり、手作りのおやつは出てくるけれど、ゲーム時間も細かくコントロールされ、なんとも優等生な一日が暮れていく。

最終日、息子に「しあわせ?」と聞いたら、「まあまあ」と苦笑いしている。「次はどうする?」と手帳を広げたら、「もういいよ」と逃げ出してしまった。きっと、母親の深い愛情を思い知ったのに違いない。

その日から今日まで、彼が私の手帳に赤丸をつけたいと申し出たことはなく、愛情を疑うような素振りを見せたこともない。

この8歳まぎわの「沈黙の反抗期」を乗り切ると、思春期の反抗期が楽、という話を聞いていたのだが、その噂どおり、息子には思春期の気難しい時期は存在しなかった。母に優しい息子のまま、32歳になった。

8歳。言語脳の完成に伴う、沈黙の反抗期。ここまでの育児のつけを払うときである。つけがないお母さんには、やってこないかもしれないが、ま、どんな親にも、子どもの側から見れば、皆、多少のつけがある。子どもの様子がおかしかったら、会社より子どもを優先する日を作ったり、妹弟よりその子を優先する日を作ったり、態度でしっかり愛情を示してやってください。

5　ゴールデンエイジ（9〜12歳）

言語脳が完成した後の9、10、11歳（9歳のお誕生日から、12歳のお誕生日まで）の3年間には、子ども脳の成長の大団円、脳のゴールデンエイジがやってくる。

前述の通り、ヒトは「感じる力」満載で生まれてきて、3歳までに「感じる力」を間引いて調整する。その後、直感力を担当する小脳の発達期（4〜7歳）を経て、8歳を過ぎると、「考える力」を手にする。

9歳から12歳の誕生日までは、「感じる力」と「考える力」と直感力を連携させる統合期に当たる。この時期、脳神経回路が大量に増産されるのである。そして12歳、感性豊かな人間の脳の基本形が完成する。

ゴールデンエイジには、脳の進化力が最大に働くので、特に外からしてやれることはない。銀のルールはなし。ひたすら金のルールを順守してほしい。

お受験組は、そうも言ってはいられないかもしれないけど、まぁ、できる範囲内でしっかりやればいい。お受験で得られるものもあるわけだし、人生は常に「何を選択するか」の連続だから。自分の選択に誇りを持って突き進めば、必ずや脳は、その脳にとっていいところに着地する。

6　思春期（13〜15歳）

前に、赤ちゃんの脳はマイペースで眠るべき、と述べたけど、13歳から15歳の3年間も、マイペースに眠るべきときである。なぜならば、脳が「生まれ変わっている」から。この3年間は、物心ついた後の人生では、最も眠いときかもしれない。

この3年間は、**子ども脳から大人脳への大変換期に当たり、眠っている間にすることが山ほどあるからだ。**実際、中学生を育ててみると、放っとけば14時間とか寝てるので、びっくりする。

この時期の銀のルールの一つ目は、眠らせてあげよう、である。なんといっても、男の子の身長を、韓流スター並みに押し上げる大事な時期だしね。女の子の女らしい身体を作る生殖ホルモンも、眠りを必要としている。

そして、銀のルールの二つ目は、愛をことばで伝えよう、である。それが、子育ての総仕上げになる。

14歳という特別

前節で述べた通り、ヒトの脳は、12歳でいったんの完成を見る。

脳の感性機能は、さらに成熟し、2年後の14歳は、「その人が一生使う感性モデル」の完成期に当たる。なので、14歳の脳が出会った「鮮烈な印象」は、一生涯、その人の心の琴線に触れる宝物になる。

音楽や造形のアーティストたちに聞いてみると、「14歳のときに出会ったあれが、自分の一生を決めた」という人がけっこう多い。私が大好きな甲本ヒロトの作品に『十四才』(ザ・ハイロウズ)という歌がある。彼がロックに出会った瞬間の鮮烈な印象がつづられているのだが、最後に「あの日の僕のレコードプレーヤーは/少しだけいばって こう言ったんだ/いつでもどんな時でも スイッチを入れろよ/そん時は必ずおまえ 十四才にしてやるぜ」というフレーズがある。彼が心を射抜かれたその日、彼は14歳だったんだなぁと思うと、ヒロトの脳が、その日ロックに出会ってくれたことに心から感謝したくなる。

私自身の14歳は、ミステリー小説に夢中になり、ダンスに出会った年でもある。それと、なぜか『相対性理論入門』。本屋の棚の片隅から、その本が私を呼んだのだ。理系じゃなかった私が、やがて理系に転向する、その最初の原点はここにあったんだと思う。そして「直感を信じ、あらゆる常識を覆して、さらに前に進むセンス」を私は、相対性理論から学んだ。だって、「時間の流れは、人によって違う」なんて荒唐無稽な発想で宇宙論を大きく変えたんだよ？　私の人生は、あの本にもらったのかも。

そのときの私の実感から言うと、その本があったから人生が変わったんじゃなく、脳が欲しているものに触れたから目に入ったという感じ。運命は、脳の中に、最初からあるのだろう。

14歳、一生で最もアンテナの敏感なこの年に、子どもたちは、きっと何かを目撃し、何かを聴き、何かに触れ、何かを味わう。その出会いは、本当に偶然やってくるもので、親には何も手伝ってやれない。

そう思うと、扱いにくい14歳の脳が、なんとも愛おしく感じられませんか？

子ども脳は、何でも記憶する

12歳までの子どもたちの脳は、何かを記憶するとき、五感から入ってきた感性情報を付帯して保持する。

12歳までの記憶を想起したとき、「そのとき」の味や匂いが立ち上がった経験はないだろうか。小学校5年生の時に隣町のプールに行ったことを思い出したら、そのプールサイドで食べた焼きそばの味を思い出す、のように。そう、子ども脳の記憶方式は、「感性まるごと」なのだ。

感性情報は、「世界」が何でできていて、どうやって成り立っているのかを理解するための重要な情報であり、これ以降の人生の発想力の源にもなる。

ただ、感性付帯記憶は、情報量が大きく、付帯情報にもリンクが張り巡らされているので、検索速度が低く、「とっさの判断」に使えない。また、一つ一つの記憶の違いが鮮明すぎて抽象化しにくく、まとまったデータ群になりにくいので、網羅検索がしにくいという難点もある。

つまり、感性付帯記憶は、発想のための持ちネタにはいいが、「とっさの判断を的確にこなす」には向いていないわけだ。日々の暮らしをちゃっちゃとこなさなければならない大人たちの脳が、感性記憶だけで構成されていては心もとない。というわけで、脳は、変容を遂げる必要がある。

大人脳は「とっさの勘」が働く

大人脳の特徴は、「差分記憶」である。新しい経験をしたとき、子ども脳は、それを素直にまるごと記憶していくわけだけれど、大人脳は、まずは、とっさに類似記憶を取り出して、状況判断を試みる。そして、素早く「類似事象との差分」を見抜いて、その差分だけを記憶していくのである。

差分だけの記憶ならば、記憶容量が圧倒的に少なくてすむ。しかも、類似で括られる複数のデータの共通部分だけを抽象化したモデルが出来上がるので、概念の多層構造になり、これをたどることによって、似たような記憶を「網羅検索」することが可能になるのである。

なんて合理的で、要領がいいのだろう。とはいえ、どうしたって、繊細ではなくなる。**子ども脳は、大人には見えない多くの感性情報を感知している**。このため、大人が「○○だ」と決めつけたとたんに、大人に見えていないものに気づいて、絶望するのである。「大人はわかってない」——世界中の子どもたちが口にするこのことばの意味を、誰もが大人になると忘れてしまう。さっきも言ったけど、脳は、変化してしまうと、元の脳のことをすっかり忘れてしまうからだ。

子どもにこれを言われると、「わかってないのは、おまえだ」と大人は言い返す。多くの大人は、自分のほうが世の中を知っていると思って、このセリフを言う。数少ないフェアな大人は、お互い様だと思って言い返す。だけど、ぜんぜんお互い様なんかじゃない。子どものほうが、ずっと微細に「世の中」を感じているのだから。大人が切り落としてしまったものを、ちゃんと見つめているのだから。


幼い息子と対峙するとき、私には、いつも尊敬と憧れと恥ずかしさがあった。彼に見えていて、私に見えていないものがあると、私は知っていたから。彼は、まるで「星の王子さま」のようで、淡々と語ることばの中に、ときに驚くような慧眼《けいがん》を見せてくれ、途切れないヴェールのような優しさを持っていた。

そして30年後の今、私はまた、尊敬と憧れと恥ずかしさとともに、孫息子を抱いている。30年前、息子にそうしたように。なにもかもを見抜く、感性の塊のような脳がここにある。彼が、ことばをしゃべらないからといって、軽んじられるわけがない。

思春期の脳は、誤作動する

12歳、子どもたちの脳では、差分認識が始まる。「過去の記憶」の中から、即座に類似事象を引っ張り出して状況判断し、なんらかの初動を取るようになる。

とはいえ、脳の中の大半の記憶は、子ども脳型である。大人脳としての経験はまだゼロに近い。つまり、ハードウェアはバージョンアップしたものの、ソフトウェアがまだ旧バージョン、ファイルの大半がハードウェアと整合性が悪い、という状態なのだ。

13～15歳の脳は、当然、誤作動する。遅刻なんかしなかった子が遅刻する。忘れ物なんてしなかった子が忘れ物をする。優しかった子が、友だちにイラついて冷たく接してしまって、誰よりも本人が傷ついたりもする。朝起きて、「なんだかいいことがありそうな気分」で飛び起きた子ども時代から一転、目が覚めればうんざりする。親を見ればうれしくて、背中に飛びついてきた子ども時代から一転、親の顔を見れば、イラッとする。で、大好きだった母親を「くそばばぁ」なんて罵倒しちゃったりする。前髪を切りすぎただけで、涙が溢れてきて、不登校になりかける。父親と同じ空気を吸うのも嫌になる。

これらは、思春期の脳の想定内の誤作動である。

多少のギクシャクがあっても社会生活に支障が出るほどではなく、単に「家庭内性格が悪くなった」だけなら、それは気にするに値しない。その原因を探ろうと思っても、私は無意味だと思う。誤作動する装置で生きてるんだから、誤作動するだろうよ。ただ、それだけだ。

親は、「育て方を間違っちゃったのかな。どうすれば直るのだろう」とおろおろしてもしようがない。「あ〜あ、盛大に誤作動しちゃって、かわいそうに」と、温かな同情を寄せるしかない。

愛を伝えよう

子どもに、ことばで愛を伝えていますか？

愛は、ことばになんかしなくても伝わるはず――そう、たしかに、ことばにしない愛も伝わる。愛された記憶は、ちゃんと脳内に残る。感性情報として、脳の深いところに。ただし残念なことに、感性情報は、気軽に取り出せないのだ。

小学校5年のときだったか、夏休みに信州の家でおたふく風邪になって、痛みと高熱にうなされた晩、父が私を背負って、あぜ道を1キロほど歩いて、村の診療所に連れて行ってくれたことがある。父の広い背中と優しい声と、田んぼに飛び交う蛍の優しい光を、私の脳はちゃんと覚えていた。ただし、その記憶がふと浮かんだのは、父を亡くした後だった。父に愛されたことを、あらためて味わって、私は泣いた。

感性の記憶は、感性を刺激されたときに、ふと浮かんでくるもので、偶発的にしか出せない。もちろん、その記憶は人格形成に役立っているのだから、決して無駄じゃないけど、「私は愛されたのだろうか」という命題には答えてくれない。自分の存在価値を見失って、自尊心を何とか取り戻そうとしたその瞬間に的確に引き出せる記憶じゃないのだ。こういうとき、的確に引き出せるのは、ことばの情報しかない。だから、ことばで愛を伝えてほしいのである。

誕生日に、生まれてきてくれたことに感謝することをお勧めする。「生まれてきてくれたことへの感謝」は、存在をまるごと祝福することばで、これから社会に出て、どんな理不尽な目に遭おうとも、子どもの自己肯定感を下支えしてくれるはずだから。

「あなたが生まれてきてくれて、本当によかった」「あなたの親になれて、しあわせ」「あなたが、誇らしいわ」「生まれてくる前から、あなたに逢いたかった。生まれてきたら、待っていた子だったんだよ。今もその気持ちは変わらない」「きみが生まれてきて、どんなにうれしかったかわからない。ここへ来てくれて、ありがとう」

ただし、このセリフを言うときは、子どもの長所（ほかの誰にも負けないところ）をちゃんと意識しておいたほうがいいかも。

私は、日々溢れるほど愛を伝えていたけれど、思春期にあらためて愛を刻印しておこうと思って、13歳の誕生日にこのセリフを言ったのだが、息子に「なんで？」と返されて、答えに窮してしまった。

母「あなたが息子で、本当によかった。生まれてきてくれて、ありがとうね」
息子「なんで？　かけっこ遅いし、宿題もしないし、プリントも出さないし。なのに、なんで？」
母「え。（どうしよう、その通りだ）」

ここで答えに窮するのは、あまりにもカッコ悪い。私は、残念ながら、その場では答えが出せず、翌年リベンジした。

「あなたは、洞察力がすごい。工夫する力もある。一緒に生きてて、めちゃ面白い。それと、食べ物の味が誰よりもわかる。あれ、カッコイイよ」

愛をことばで伝えること。これが最後の銀のルールだ。

15歳、大人脳が完成し、親がしてやれることなんて、もう、お金を出すくらいしかなくなる。

どうぞ、いい親友になってください。

第Ⅳ章　大切なあなたに、伝えたいこと

この章は、思うところあって、２００６年の元の本の一つの章を、そのまま掲載する。つまり、15歳の息子の母だった17年前の文章である。

あのときの気持ちこそが、やはり、子育て本にはぴったりだから。

46歳、まだまだ人生の痛みのようなものをひりひりと感じていた。一言でいえば、必死。それこそがきっと、子育ての現役であることの証なのだろう。同じような痛みの中にいる後輩のママたちへ、どうにかしてエールを伝えたい。そんな臨場感が漂う文章を、63歳の私にはもう書けない。

ずっと後輩の、今のママたちにも、この文章を捧げます。

胎内の記憶

うちの息子は、お腹の中の記憶を語ってくれた。2歳になる少し前のことである。

ある日、息子が、私のトレーナーのお腹の部分にすっぽりと入り込んで楽しそうに遊んでいた。ひとしきりして、「トレーナーの裾が伸びちゃうよ。そろそろ出ておいで」と言おうとしたとき、彼がふと、「ママ、ゆうちゃん、ここにいたんだよね」とつぶやいたのである。

その時点では、私は、これが彼の胎内の記憶だとは思わなかった。「ゆうちゃんは、ママのお腹にいたのよ」と、何度か話していたから。なので、当たり前に「そうよ」とうなずいたのだが、息子の次のことばで、はっとして手が止まった。

「ママは、ゆうちゃんのこと、赤ちゃん、って呼んでたね。赤ちゃん頑張って、ってゆったね」

生まれてすぐに名前を決めたので、息子を「赤ちゃん」と呼んだのは、胎児の間だけである。そして「赤ちゃん頑張って」は、臨月まで残業して働いていた私の、職場での口癖だった。

妊娠9ヵ月にもなって、3時間にも及ぶ会議をこなしたりすると、お腹が張って苦しかった。私は、お腹の子はもっと苦しいに違いないと心配になった。そのため、職場の廊下や駅のホームで「赤ちゃん、頑張って」と幾度となくお腹をさすったのである。二人してバブル期のオーバーワークに耐えたのだった。考えてみれば、胎児期の息子は、すでにして「企業戦士」だったのである。

息子は胎児期の記憶を語ってるんだ!

私は素直にそう信じた。

そうしてみると、私の好奇心がむくむくと膨らんだ。私には昔から、どうしても知りたい疑問があったのである。それは、「赤ちゃんは、どこから来るの？」であった。お母さんのお腹に入る前、魂はどこにいたの？

メーテルリンクの名作戯曲『青い鳥』の中では、魂たちが胎児になる順番を待つ場面が出てきた。子どもの頃、この戯曲を読んだときから、私は「本当のところはどうなのよ」とずっと思ってきたのである。この質問に、納得のいく答えをもらったことは一度もなかった。

この命題、今、胎児期の記憶を語っているこの子に解いてもらうしかない。私はそう確信した。

私は慎重に行動に移した。「え!?　ゆうちゃん、お腹の中のこと覚えてるんだぁ。すごい、すごい」なんて嬌声をあげて彼を驚かしたら、息子の大事な記憶の扉が閉じてしまうかもしれない。まずは、最初の驚きを呑み込んで、深呼吸する。そうして、喉の緊張をほぐしながら、息子と呼吸のタイミングを合わせた。

ちなみに、対話の相手に心を開いてほしいと思ったら、呼吸のタイミングを合わせるのは、とても有効な手段だ。相手が大人でも効く。真実のことばを引き出せる。奇跡も起こるよ。

こうして、息子が息を吸うタイミングで、私は、ずっと質問を口にした。彼が吐く息にのせて返事ができるように。

「ゆうちゃんは、ママのお腹にいたのよねぇ」「うん」

「で、その前は、どこから来たの？」「……」

ここまで慎重を期しながらも、本当のところ、彼の答えをほとんど期待していなかった。ましてや、私が納得できる答えなど……。しかし、次の息子のセリフで、私はこの命題の、永遠の解答をもらったのだった。

「ママ、忘れちゃったの？
ゆうちゃんは木の上に咲いていたんじゃない。
で、ママと目が合ったら、ママがおいでっていってぇ、
それでもって、ここに来たんだよ」

美しい詩のようだった。

私は、涙が止まらなかった。

もちろん、彼が、ことばどおりに木の上に咲いていたかどうかはわからない。けれど、少なくとも、彼の記憶の原点は、「木の上に咲いていた」と表現するような穏やかな満ち足りた場所から始まっているのだ。

そうして、私の魂と共振して、彼はちゃんと何かを確信してここに来たのである。その創《はじ》め、私たちは、ともに求め合った。ぼんやりと親子になったわけじゃない。

それにね、彼の「木の上に咲いていた」も、必ずしも全否定できるものじゃない。魂は森羅万象に寄り添うもので、ときに風になり、ときに雨として大地にしみこみ、やがて、木の上に咲く日もあるのかもしれない。

息子のこのセリフに出会ってから、私は、この世の事象のすべてが愛しいと思えるようになり、大切な人たちが逝くのが怖くなくなった。

あれから、義父や叔母を見送ったけれど、きっと森羅万象に散って傍にいてくれる、と穏やかに信じている。葬式で流す涙の種類も変わった。悲しみの涙ではなく、満ち足りた魂を祝福する透明な涙になった。

私は、このことばに出会えただけで、一生分の親孝行をもらったと思っている。子どもは、神の使いなのかもしれないね。

そして、胎児を抱いている40週間、私たちは、「神の子」の宇宙になる。母になるというのは、なんて素晴らしいことなんだろう。

女に生まれ、今母になれて、本当によかったね。……すべての妊婦さんに、この気持ちを伝えたい。祈るようにそう思う。

マニュアル神話なんか、ぶっとばせ

今から十数年前、私の同世代の女性たちが母親になり始めた頃は、なぜか育児書をバイブルのように信じ込む親たちが山ほどいた。

たとえば、母乳のお母さんがこう言うのを聞いて、私はぶっとんでしまった。

「母乳なので、何cc飲んだかわからない。不安だから、ベビー用の体重計を買って、授乳前と授乳後に体重を測って、その差から飲んだ量を計算するの。50グラム増えたから、50ccとかね」

「どうして、容積なんか気にするの？」と聞くと、「育児マニュアルに書いてある量を飲んでいるかどうか不安だから。ママ同士のおしゃべりでも何cc飲んでるか話題になるし」。

ええええ!?　である。自分の乳房から出している液体である。その豊かさや涸れぐあいは、ある程度わかる。ま、仮にわからなくたって、子どもの満足度が低ければ出ないお乳に焦れて泣いたり、すぐにお腹が空いて泣いたりするから、わかるでしょうに。

それに、マニュアルに書いてあるのは、あくまでも平均だ。大事なのは、平均と同じ容積かどうかを1cc単位で追求することじゃなく、自分の子どもの満足度を、母親が全身で感じることじゃない？　骨太で、激しく泣くタイプで、エネルギー消費量がとびぬけて高そうな赤ん坊に、「うちのは飲みすぎなの。だから、少し控えめにしている」って……おいおい、成長分に足りないよ、それじゃ。

それに、一心におっぱいを飲めば汗もかく。汗の消失分はどうなるの？　理系の私としては、1ccを最小単位にして摂取量にこだわるんなら、汗の消失分も誤差の範囲とは思えず気になって仕方がない。

脳の「感じる力」だけで生きている赤ちゃんは、ちゃんと必要な分だけ欲しがる。欲しがるだけもらえないと、焦れて泣く。赤ちゃんの脳こそ、その赤ちゃんのための高性能センサーなのだ。マニュアルが入り込む余地なんてない。母親は、子どもの息づかいを肌で感じていればいいのである。

ちなみに、1990年頃おかしかったのは母親だけじゃなかった。あるとき、子どもの下痢が続くので小児科に行ったら、若い外来担当医が「今朝はお乳を何cc飲みました？」と聞く。「母乳だから容積では把握していませんが、いつもどおりの飲み方でした」と言うと、授乳前後の体重測定をしていないのかと驚かれ、それでなぜ「いつもどおり」とわかるのかと軽蔑したように言う。

「へ？」と、私は変な声をあげてしまった。「そんなの乳首と乳房の感じでわかりますよ。いつもどおりにシュッシュと気持ちよく吸って、いつもどおりの時間をかけて、いつもどおりに乳房の張りが減りました。変わった感じはありませんでした」

小児科医は「それじゃ、子どもの様子を把握できたことになりませんね。面倒くさがらずに、ちゃんと測りましょう」と言うので、唖然としてしまった。「8月16日午前8時120cc」みたいな数値が、母親の直感の「いつもどおり」より信頼されるなんて。

私は当時、人工知能の研究者で、人間の直感を何とか機械で再現できないかを研究テーマにしていた。機械の観測値よりも何百倍もヒトの直感が優れていることを、日々思い知らされていたので、こういう育児のマニュアル化には心底びっくりしてしまった。

もう一つ、母乳がらみで、戦慄してしまったことがある。

1歳児健診を受けたとき、まだ母乳を飲んでいると報告したら、小児科医があわてて「そりゃ、たいへんだ。早く乳離れさせなきゃ。この後、特別に離乳指導を受けてください」と言う。声を潜めて、まるで、私が罪を犯したかのような雰囲気だ。後の問診は気もそぞろ、のように見えた。

その「特別の離乳指導」の栄養士は、「1歳を過ぎてもお乳から離れない子は、犯罪者になります。問題です」と言い放った。やっぱり声を潜めて、母親の私はまるで罪人扱いである。

私は、絶句してしまった。ちなみに、私自身、2歳近くまで母乳を飲んでいたそうだし、小学校3年生まで母の乳房を触らずには眠れなかった。だから、私の乳離れは正式には8歳だ。けど、今のところ犯罪者にはなっていない（これからなるのかもしれないけど）。でも、その決めつけのことよりも、「個室で、声を潜めて、深刻なことのように」告げられたことにショックを受けてしまった。

私は、凝り性の理系の母なので、母乳に関しては、新書や専門書、論文までも読んで、その効能や離乳時期を研究していた。離乳時期については諸説あったが、私の結論は「子どもが自然に離れるか、私が自然に嫌になるまで、自然体で付き合う」だった。

私が最も納得した母乳論は、岩波新書の『母乳』（1983年刊）をお書きになった山本高治郎先生のそれだったのだが、山本先生は自然体の母乳育児を推奨されておられたからだ。先生自身、小学校1年まで乳離れしていなかったと告白されている。

その話を義母と母にしたら、「昔は、末っ子なんて、ランドセルを背負ったままおっぱい飲んだりしてたわね。でも、そういう子のほうが出世したりするものなのよ」「そうそう」とおおらかだった。

そんな背景があったので、1歳児健診で人非人扱いされるなんて思いもよらなかった。いくつもの母乳本を読んだ私でも、ショックでひるんでしまった。母乳にそこまで確固たる決心をしていても、である。普通のママだったら、どんなにショックだろうと胸が痛くなった。

後に「母乳期間が長いと犯罪者になる」説の根拠を調べたら、アメリカの刑務所で、犯罪者の乳児期の授乳歴を追跡調査したというレポートを発見した。

それによると、犯罪者の授乳歴のタイプを多い順に並べると、（1）人工栄養、（2）1

年以上の母乳栄養、（3）1年未満の母乳栄養の順に多かったというのである。

この数字、何かを語っているようで、まったく意味がない。そもそも、この地域の平均的な授乳モデルがこれなのでは？　仮に犯罪者の中での「母乳期間が長い子」の比率はわかったとしても、逆に、「母乳期間が長い子」全体のうち、どれくらいのパーセンテージで犯罪者がいるのかがわからない。おそらく誤差くらいに僅少のはずだ。これは、数字のマジックである。つまり、「アメリカの刑務所の追跡調査」は何の根拠にもならないのである。

よくよく考えてみれば、母乳に固執する子というのは、「好きなことに対する執着心が強い子」と考えることもできるわけで、芸術家や研究者、事業家、お金持ちなんかにも多いはずである。「ランドセル背負っておっぱい吸ってた子ほど出世する」と笑っていた母たちの世代のほうが、正解を言い当てているかもしれないじゃない？　こんな根拠で、まるで魔女狩りみたいに、「だらだら母乳をあげる母親」を責めた時代もあったのである。

母親たちは、「世間並み」から外れることに脅え、「世間並み」のお母さんたちは、勝ち誇ったように、「ダメよ。それじゃ」と他のお母さんに干渉する。

育児って、ときどき戦時中の日本みたいな過激な同調圧力があって、戦慄してしまう。

21世紀のお母さんたちは、1990年代のマニュアル妄信ママより、ずいぶんと賢く自然体に見える。それでも、食事、昼寝、オムツ離れ、早期教育などなど、子どもの様子よりも、周囲と違うことにびくびくしているお母さんが、まだ多いような気がする。お母さん仲間のおしゃべりで、「まあ、それはダメよ」と決めつけられると、けっこう傷つくのだと思う。

でもね、マニュアルは参考値である。よそのお母さんの話も重要なヒントにはなるけれど、ヒントにすぎない。育児マニュアルの歴史を調べると、今なら笑っちゃうような理論に母親たちが痛めつけられてきたのがわかる。どうか、自分の感性で、子どもを見つめることを、忘れないで。

育児マニュアルのはしくれ（本書ですね）を書いている私が言うのもなんだけど、結局、最後は母親の勘が最も正しい。母親が「いいような気がする」と感じて、子どもがつやつやと幸福そうなら、周りの「ダメよ、それじゃ」なんか気にすることはないと思う。母親の脳ほど、子どもを真剣に見つめ抜いている脳はないのだからね。新米のお母さんたちには、マニュアル神話なんかで傷つかないでほしい。

男の子のママは肩身が狭い

七夕が来ると思い出すことがある。

息子が4歳だったときのこと。朝、保育園に送り届けたら、エントランス・ロビーに竹が立てかけてあった。かたわらには、短冊の箱。「そうだ！　願い事を書かなくちゃならないんだよ。ママ、書いて」と、息子。「うん、いいよ」と気軽に引き受けて、私はまっさらな短冊を手にした。

息子に「願い事は何？」と聞いたら、耳元でそっと「ウルトラマンになりたい」。吹き出しそうになったけれど、何とかこらえ、「了解」と生真面目に返事をした。

その光景を目ざとく見つけた同じクラスの女の子が、「あら」と声を上げた。そして、「自分で書かないと願い事なんて、かなわないのよ。字が書けない人に、しあわせは来ないの。残念ねぇ」と、ものすご～く高飛車に言うのである。私は、「ほう」と感心した。4歳でここまで高慢な口が利けるなんて、才能に近いよ。その上、彼女は、「ウルトラマンになりたい」に、ぷっと吹き出してくれたのだ。うん、まぁ、たしかにそうだけどね。

息子は、そんな揶揄《やゆ》を気にも留めずに、「ウルトラマンになりたい」と書かれた短冊を竹にくくりつけて、うれしそうにしていた。彼女はというと、肩透かしを食らって少しムッとしていた。

そこで、私が「あなたはなんて書いたの？」と聞くと、「これ」と自筆の短冊を見せてくれた。きれいな字で「べんご士になりたい」と書いてあった。「まぁ、あなたには天職だわ！　絶対なってね」と私は言って、思わずはしゃいでしまった。人の心をえぐるような、いやいやもとい、人の心をぐっとつかむような、彼女の口の利き方を活かすとしたら、この商売しかない。人は資質を活かすべきだ。

思えば1歳児クラスのとき、このお嬢さんは、うちの息子のパンツを替えてくれたっけ。自分だっておもらしパンツをしている身なのに、うちの息子の足をトントンと叩いて、「ほら、こっちからね」と言って、パンツを上手にはかせてくれていたのだ。1歳児から保育園に預けていると、男児と女児の生活能力の差は歴然としている。「生活能力」「日常言語能力」という括りで言えば、完全に「男の子は発達が遅い」ように見えてしまうのだ。でも、本当にそう？

そもそも男性脳は、生活や日常言語のために使えるようなモデル（仕組み）ではないのである（考えてみて。男なんて、大人になったって、生活や日常言語の能力においては、一生「発達が遅い」んじゃない？）。

女の子の脳が、母親顔負けのおしゃべりを習得する4歳の頃、男の子たちは、さまざまな出来事を俯瞰し、3次元の想像力を育てているのである。たとえば、黙ってブロックを積み上げては、宇宙に思いをはせているのも、その一つなのだ。家事の役には立たなくとも、それこそ将来、彼らが飛行機の設計図を描いたり、物理学の新理論を見つけたりするための空間認識の基礎が、その脳の中に着々と積み上げられているのである。そのためには、少しくらい字を書けるようになるのが遅くったって、ぜんぜんかまいやしないのだ。男の子の親は、そんなことにカリカリしている場合じゃない。彼らがブロックに夢中になっている手を止めさせて、字を練習させるなんてナンセンスなのである。将来のノーベル賞学者を一人、つぶしているかもしれないよ？

私たち母親は、究極なまでに生活能力と日常言語能力が発達した動物である。なので、ついつい息子たちの、口数が少ないとか、字が書けないとか、お手伝いができないとかにがっかりしがちだが、それは早計。ましてや、彼の姉や妹と比べてしまうなんて、とんでもない！

さて翌年、息子は自分の手で「うるとらまんになりたい」(カタカナは未習得)と書いた。漢字が1文字増えた「弁ご士」の隣に並ぶと、男女脳の差がわかっていても、笑っちゃう母なのであった。

男の子のママは面白い

前項を息子が読んで、「へぇ」と感心している。あの4歳のお嬢さんの発言に対してである。

「おいら、こんなこと、言われていたんだぁ。ぜんぜん気づかなかったよ。っていうか、彼女の言うことの半分くらいは理解できなかったからねぇ、当時は」

「えっ!?」と驚く母(私)。言語能力が低かった4歳男児は、彼女の高度な皮肉に気づかなかったのである。だから、気にも留めずにしあわせそうにしていたのだ。あの頃、女の子たちの発言を男の子たちが意に介さないので、彼女たちがむかついている光景をよく目撃したけど、あれは骨折り損。彼らは、理解していながら無視していたのではなく、理解していなかったのだ!

うーん、参った。よくよく考えてみれば、私たちだって、夫に言った皮肉を彼がぜんぜん意に介していなくって、腹が立つことがある。あれって、私たち女性の高度な言語能力に、男性がついてきていないいってことなのか……。

たとえば、「あなた、これは、前に私がイヤだって言ったことよねぇ？　どうして、何度も同じことをするの？」と言ったら「え、なんとなく」とか答えて私を逆上させる夫だが、あれ、最上級の不満の表現だということに（つまり、正解は平謝りをすべき、ということに）気づいていないのじゃなかろうか？　いや、そうに違いない（強調の反語表現）。

息子いわく、「たしかに、言語やコミュニケーションの能力では、男はどうしたって女にかなわないよ。まったく脱帽だよ」だそうだ。あまりにも完敗なので、負けを認めるのもぜんぜん悔しくないのだそう。平成生まれの男は、いっそ潔い。

「その代わり」と息子は言う。「おいらたちは、ものごとの関係性をよく見ているよ。ものの成り立ちとか、機械の動きを女子より理解してるもん」。

そうそう、それが男性脳の役割なのである。せいぜい、頑張ってね。

女子のことばをまだ半分しか理解できなかった小学1年生の頃（ま、今も全部理解してるとは言いがたいけどね）、うちの息子は「電源なしで回る扇風機を開発したから、特許を取っておいてね」と言って、けっこう複雑な図面を私に手渡してくれた。

じつは彼、その前の週に、一人乗りのホバークラフトを作るから扇風機を解体していいか、と聞いてきたのだ。理由は、歩いて学校に通うのがおっくうだからだそう。「解体してもいいけど、うちの扇風機で君が浮くの？」と聞いたら、息子は「おいらの計算では、カバーを完璧にしてやれば、浮く」と言い切った（どんな計算だったんだろう？　2ケタの足し算もできなかったのに）。

「でもさ」と私は食い下がった。なにせ、扇風機は我が家に1台しかないのだ。「君の身体は浮くとしても電源はどうするの？　家から学校までの長いコードなんてないわよ。電池じゃ重すぎるしね」と言ったら、彼は「あ〜」となった。「そうか、電源のことを忘れてた」

我が家の扇風機を無事守れたことにほっとすると同時に、「ったく、そんなこと考えている暇があったら、さっさと宿題をしてよね」と、ちらっと考える母であった。

その後1週間、彼は電源なしで回るファンのことを考え続けていたのだった。電源なしで回るファンが発明されたら、人類の至宝、ノーベル賞級の発明だが（燃料なしの車が走るってことだもんね)、残念ながら彼の図面は現代のエンジニアには理解できないものだった。とりあえず、彼自身の成長を待って特許化してもらうしかないので、そのまま温存してある。

それにしても男性脳というのは、こうして自動車を発明し、ロケットを飛ばしてきたのである。要は図面の完成度ではなく、「そうしたい」という気持ち、なのだ。そして、その気持ちは幼児のうちに芽生えるのである。どうか、男の子のお母さんたち、彼らを追い立てないで。彼らに沈黙の無駄時間をたっぷり与えてあげて。母親の想像を超える叡智が、彼らの脳には眠っているのだから。

ヴァレンタイン・キッス

息子が13歳の春を迎えようとしている、ヴァレンタインが近づいたある朝、私は、彼の脳に難しいシーズンが始まったことを思い知らされた。

その日、彼は軽く下痢をして、学校には遅刻することになった。そのこと自体はなんでもない。遅刻は30分ほどで、腸が弱い彼にはよくあることなのだ。けど、彼はぐずぐずと学校へ行かず、ベッドに横になっている。「どうしたの?」と声をかけたら「3時間目に間に合うように行く」と言う。理由を尋ねたら、「1～2時間目は調理実習で、今から行くと、決められた自分の責任が果たせない。ちゃんと仕事をしないのに料理だけ食べるなんて、そんなジコチューなことできないよ」と言うのだ。

私はむかっとした。今ならまだ、調理の中盤だ。巻き返せる。準備が不完全なら、後片付けで巻き返せばいいじゃない。どのみち、遅刻の連絡を入れている以上、材料は人数分用意されるのである。行かないほうが、よっぽど傍迷惑だ。「あなたの考え方のほうが、よっぽどジコチューだと思うわ。早く行って、巻き返しなさい」とダメ出ししてやった。

そうしたら、である。息子が、なぜか毅然として「ママみたいなジコチューな人にジコチュー呼ばわりされるのは心外だ」と言うのである。「ママは、なんでも自分の都合のいいように解釈する。ママの論法は、にわかには信用できない」のだそうだ。珍しく目くじらを立てている。なので、私も逆上した。「私がいったい、いつ信用できなかったというわけ？　聞き捨てならないわ。ちゃんと説明しなさいよ！」「ママは、なんでも大げさに言う。悪気はないかもしれないけど、嘘つきの部類だと思う」

……絶句。一生懸命育てた息子に、嘘つき呼ばわりされるとは思わなかった。けっこう、ショックである。まぁ、考えてみれば、なんでも大げさに語ると言われれば、そうかもしれない。けど、大げさに語るというよりは、私の目にはそう映るのである。だからこそ、日常のなんでもない発見でうれしくて切なくて、本が1冊書けるのである。

嘘は書かないが、たしかに、大げさかもしれない。というか、読み手の心を刺激して、妄想をかき立てる文脈になっているような気もする。嘘つきとまではいかなくても、ちょっとズルイかも。だって、「私の大好きなひと」や息子を実力以上に評価してくれる方が多いもん。けど、サービスのつもりなんだよ。とはいえ、いけないことなのだろうか？

う～ん。

思春期の息子に毅然と立ち向かうはずだったのに、なんだか、自分の表現者としての真理を見失って、愕然としてしまった。私は、表現者なのではなくて、ただの嘘つきなの？けっこう怖い命題である。その瞬間、「今日の講演を乗り切れるだろうか」と戦慄した。その日、私は、100名ほどのお客様を相手に講演をしなければならなかったのだ。なのに、怖くて、とても人の前に立てる気分じゃなかった。

ふと気づくと、私がへたり込んでいる目の前で、息子が、なんだか、塩をかぶったなめくじみたいになっている。見ると、涙ぐんでいる。「どうしたの？」と尋ねたら、「今、よく考えてみたら、ママの言うことのほうが正しい。おいらの考えは、ジコチューだった」

と言うのだ。

「それなら、さっさと学校へ行きなさいよ」と、背中をぽんと叩いたら、「ショックで動けない」と言うのである。へ？ どういうこと？

息子いわく、「おいらは、この世でジコチューな人が一番嫌いなんだ。で、自分がジコチューにならないように、ものすごく気を遣って生きてきたつもりなわけ。なのに、今朝は、気を遣ったつもりがジコチューだった。今までも、自分で知らないうちに、人を不快にさせてきたのかもしれない。そう思うと、怖くて、とても人前に出れない」。

おやおや、である。大げさなのは、どうも私だけじゃないようだ。こんな些細なことで「人前に出れない」と、160センチのなめくじに変身した息子を見ていたら、演台に立つ勇気が湧いてきた。この悩み方、まるでハムレットみたい。ばかばかしい。それにしても、親子というのは、変なところが似るものだ。「ものごとを大げさに悩む」ハムレットのような癖というのは、どんなDNAをしてるんだろう？

息子には、「馬鹿じゃないの！」と活を入れた。「私たちが、生物である以上、なんとしても生き残ろうとする本能があるわけ（なきゃ、母親としては怒るよ）。そのために、人間の本質はジコチューなのよ。ジコチューが自然なの。けど、人間関係を円滑にするために、そのジコチューを飼いならすのが大人なわけね。けどさ、たまには、自分のジコチュー認めて、あやまりながらもちゃっかりするのも愛嬌よ。自分は絶対ジコチューじゃないって信じて友だちを厳しく追及する男より、そっちのほうが素敵だよ。友だちもお互い様、って感じで楽になるしさ」

息子は、鳩が豆鉄砲を食らったような顔をしていた。目からうろこ、だそうだ。けど、ショックで、まだ腰が抜けてるそうである。私は、新幹線の出発の時間が近づいたので、家を出た。駅に着いた頃、息子から電話が入った。「今から、学校に行く」。

後から聞いたら、ちょうど試食会の時間に学校に着いたけど、友人たちは快く迎えてくれたそうだ。息子が照れて言うには、「表面上はね。料理が無駄にならなくてすんだからさ。それから、ママは嘘つきじゃない。……ごめん」。

私の講演は、声が出なくなることもなく無事終了した。雪に抱かれた美しい町で、手厚く温かく迎えられた講演だった。表現者として、もう少し、やっていけそうな気分になった。

その夜、遅く帰ると、息子はもう眠っていた。なぁんだ、少し、おしゃべりしたかったのに。そう思いながら、いつもの自分の椅子に座ったら、テーブルの上にピンクの付箋紙が貼ってある。いつもの息子のゲームに関するメモだと思って剝《は》がそうとしたら、鉛筆書きで「チュ」と書いてあった。あらら、息子にキスをもらえるなんて、何年ぶりかしら？

少し早いヴァレンタイン・キッス。きっと、一生忘れない（やっぱり、大げさ？）。

働くお母さんでいること

出張で、遠い町のホテルに泊まっている晩、息子から電話が入った。時計を見ると午前1時過ぎだ。少し緊張して「どうしたの？」と聞くと、「いや、別に何かあったわけじゃない。なんだか眠れないから、少し話をしたいんだ」と言う。「不安なの？」と尋ねると、「うん。少し」と答えた。

彼のほうには話題はないというので、その日、私が家を出てからホテルのベッドに入るまでの出来事を話してやった。

小一時間ほど経っただろうか。私が見たものや食べたものの話を相槌を打ちながら聞いて、何度か笑ったりした後、最後に穏やかな声で「眠くなってきたよ」と言った。

「不安は解消した？」と聞くと、「うん」。

「原因はわかってるの？　学校で何かあったの？」と尋ねると、「ううん。きっと、家にママの気配がないからだよ」。

私が、はっと息をのむと、息子は「いや、気にすることはないから。ママの出張のたびに不安ってわけじゃないし、何かの条件が偶然重なったんじゃない？　人間、漠然と不安な夜もあるよ。ママのせいじゃない」。

その後の息子の「おやすみ」は、私へのいたわりで甘く優しかった。

旅先のホテル、午前2時。窓の外には雪の気配があった。私は、息子と過ごした14年間を思いつつ眠りに就いた。

子どもを持っても、仕事を続けた。私にとって仕事は呼吸をするくらい自然なことなので、そのことを疑問に思ったことは一度もない。けれど、出張の夜、こうやって息子の不安が旅先に届くと、やはり切ない。

小学校の低学年の頃は、「今すぐ帰ってきて。今すぐ飛行機に乗って。はやく、はやく」と号泣された。こういうときは、胸がつぶれそうだけど、電話の母親がおろおろしても仕方がない。クールな声できっぱり言い放つしかない。

「飛行機の最終はもう行っちゃったわ。最終列車にになら乗れそうだけど、東京には明日のお昼にしか着かない。朝の飛行機に乗ったほうがましなのよ。わかった？ ママは何をしても今夜あなたのところへ帰れないの。もう寝なさい」

翌日の帰路は、新幹線の中を、東京へ向かって走りたいくらいの気分だった。

そういえば、一度、私のほうが号泣してしまったことがあったっけ。

5年前の冬、鳥取発の最終便が雪で欠航になった夜のことだ。その日、鳥取では大きなイベントがあってホテルや旅館が満室だった。便数の少ない路線なので、空港のカウンターに殺到した欠航便の乗客のほとんどが、翌朝の飛行機の予約も取れない。

途方に暮れつつ調べたら、ＪＲ山陰線を利用すれば、夜半までに米子にたどり着けることがわかった。大急ぎで翌朝の米子―羽田便を押さえ、米子のホテルを手配して、タクシーで鳥取駅に駆けつける。そうして、吹雪の中、人もまばらな夜のローカル列車に乗ったのだった。

気持ちというのは不思議なもので、すでに東京から数百キロ離れている鳥取なのに、そこから東京に背を向けて2時間近い旅に出るのは、なんとも心細いのだった。

その上、山陰線はディーゼル車で、出発のとき汽笛のような音がする。しかも、吹雪の中である。しかも夜。しかも空腹。すでに泣きたいような状況は出来上がっていた。

そこへ、当時小学3年だった息子から電話が入ったのだった。「ママ、宿題の朗読をするから聞いて」と言う。

「え。今、とんでもない場所にいるから、途中で携帯が切れるかもしれない。パパに聞いてもらったら?」とさえぎったが、「先生が、昨日と同じ人に聞いてもらいなさい、って言ったから」ときっぱり宣言し、彼は国語の教科書を朗読し始めた。

その内容が参った。なんと、昭和19年のある日、小学校3年生の女の子のお父さんが赤紙で召集されて戦地に赴くことになったところから、この物語は始まるのである。

東京に残された家族がどんどん生活に窮する中、昭和20年3月10日、くだんの大空襲に見舞われる。女の子は、母親や兄とはぐれ、一人で焼け跡の東京をさまよっているうちに、ずっと逢いたかった優しいお父さんに巡り合うのだった。

途中からいやな予感がしていたが、案の定、女の子は亡くなっていて、天国で父親に再会したという展開だった。しかも、最後の締めは、「現在、東京の街角では、この子と同じ小学3年生の子どもたちが、今日も元気に遊んでいる」ときた。

吹雪の中を走る、夜の山陰線の中である。周囲は暗くて、窓の向こうには何も見えない。しかも、朗読は小学3年男子の、とつとつとしたもの……不覚にも、私は、列車の中で大泣きしてしまった。嗚咽もしてしまったと思う。

海沿いを走る下りの最終列車で、携帯電話を握り締めて号泣する四十女。いかにもよそから来たふうで、しかも旅行鞄もなく薄いアタッシェケース一つ。あまりにも「わけあり」である。同じ車両の乗客は、きっと、固まっていたと思う。

この晩、私の中で、何かが溢れてしまった。東京に帰ったら、仕事を辞めようとかたく誓った。社会人になって二十数年、仕事を一切辞めようと決心した、後にも先にもたった1回の出来事である。

ちなみに息子は、この後、上機嫌で朗読を終え、「今日は、パパとピザとって食べたんだ。おいしかったよ。おやすみ！」と電話を切っている。なので、息子が不憫とかそんなんじゃなく、私自身の気持ちが一瞬壊れたということだったのだろう。

翌朝の米子は雪晴れだった。真っ青な空に飛び立つとき、東京に戻って仕事を辞めると宣言したら、息子がどんなに喜ぶだろうと思ってわくわくしていた。

なのに息子は、軽蔑したような目でこう言い放ったのだった。「ボクのために辞めるの？　あんなに仕事好きだったのに？　やめてよ、重すぎる」……まじかい。

そんなわけで、私は今も仕事を続けている。

本書は、働くお母さんも読んでいらっしゃると思う。子どものためには、家にいてあげたいのは山々だろうけど、きっといろんな理由で働いているのだろう。働きながらの子育ては、やっぱりキビシイ。そして、切ない。何度も何度も、辞めようかどうしようか悩むよね。

でもね、我が家の14歳の息子は言っている。

「そりゃ、ママが働いていて寂しかったことは山ほどある。でも、もう一度やり直せたとしても、おいらは、働く、このママがいい。おいらの知らない世界を知ってるのが楽しいしさ、なにより、一生懸命でカワイイよ」

ま、息子とはいえ、本音とは少し違うだろう。働く母へのリップサービスも満載なのだとは思うけど、それでも、方向性には嘘はないはず。

お母さんが、幸福で、一生懸命であること。私は、それでいいと思うよ。仕事が楽しかったら、毅然と仕事を続けたらいい。我が家の息子は、満点とはいえないけれど、こんな口を利くくらいには育ってくれた。

小さなお子さんを抱えて、頑張るお母さんを見ていると、この頃、私は泣けてしまう。自分が、最も苦しい時期を抜けたからかもしれないね。

働くお母さんたち、どうか、頑張って！

優しい夢

ふと思いついて、うちの息子に、「ねぇ、今までのママと一緒の人生で、何が一番、気に入ってる？」と尋ねてみた。

「あー、それは、絵本を読んでくれたこと」

息子は、ほかにないだろう、という顔をして、きっぱりとそう答えた。

「絵本？」

私がぴんと来なくて聞き返すと、

「そう。たくさん読んでくれたじゃん。ほら、『51ばんめのサンタクロース』、とか」

懐かしい絵本の題名が出て、私もつい顔がほころぶ。

「あー、あったねぇ。あと、身体が小さくなって冒険するヤツ」

と返したら、「『ミクロたんけんたい』！」と息子が大きな声を上げた。二人で、絵本の話で盛り上がり、小一時間話しこんでしまった。

私自身は、絵本をたくさん読んだという実感はなかった。私も息子も本好きなので、ごく自然にそうなったのかもしれない。

私のかたわらに腹ばいに寝転んで、絵本がめくられていくのを、わくわくして見守った、と彼は言う。

「ねねね、久しぶりに、絵本読んであげようか」

本気で、そう申し出たら、

「いや。いい」

と、即座に断られてしまった。めちゃくちゃ、恥ずかしいらしい。

あー、もう、絵本を読んでやる子がいなくなっちゃったんだ……私は、ふいに胸を突かれて、ことばを失った。急に「うちに、子どもがいなくなっちゃったんだ。子育て、終わっちゃった」という気分になって、涙が溢れてきた。

「そんなに読みたいんなら、読む？」

と、息子がびびって、気を遣ってくれる。私はおんおん泣いてしまった。

鮮烈な実感だった。まだ何もしていないのに、ふいに、子育てが終わってしまったのだ。もっともっと、一緒にいればよかった。もっともっと、絵本も読んであげたかった。もっともっと……何を？

そうなのだ。子育てなんて、振り返ってみれば、たいして何もしていないものだ。毎日、ただ一緒に暮らしただけ。私は、いったい何をあんなに忙しがっていたのだろう。

「あー、あなたと、もっともっと、一緒にいればよかった」

泣きながら、そう言ったら、

「そうだね。小さい頃は、ずっと、ママの帰りを待っていた」

息子は、そう言いながら、優しく背中をなでてくれた。

15年前、産声をあげている息子を腕に抱いたとき、子育ての終わりなんて果てしなく遠いような気がしていた。今、パパよりふた回りも大きくなった息子に抱きとめられて、私自身が泣いている。この温かい胸を私が産んだなんて、まるで信じられない。

明日、目が覚めたら、何もかも夢だったらどうしよう。だとしたら、私の子育ては、あまりにも「優しい夢」だったことになる。

……そう。子育ては、優しい夢、なのだろう。そもそも、最初から。

あらためて、この子に出会えたことに感謝である。

絵本を読むのをねだられて、あれもしたいのに、これもしたいのに、と片付けたい家事や仕事に気をもむお母さん。きっと、いると思う。

「ふいに」絵本を読む相手がいなくなってしまった私には、その情景がうらやましくてたまらない（実際には、もう5年ほど前に絵本読みは卒業していたのだが、気がつかなかったのだ）。そんな日が来るのを先に想像したら、今の時間を、もっと大事にできるのではない？

絵本を読む相手がいるあなたは、「優しい夢」の真ん中にいる。どうぞ、楽しんで。

2006年のあとがき

息子が生まれた晩、私は不思議な夢を見た。声だけの夢だ。

50くらいになった息子が、「おふくろは、しようがない女だったけど、ひたすら俺を愛してくれたよなぁ」と、つぶやくのを聞いた夢。

あー、これはいい感じだぞ、と思った。だって、こんなふうに思い出してもらえたら、母冥利に尽きるじゃない。

それに、「誰かがひたすら愛してくれた思い」って、いいものだ。ほかに何がなくたって、生きていける気がする。一生守ってくれる、最強のバリアだ。

息子に、それをあげたいと、思った。


ゆうべ、母から電話があって、「ちょっと眩暈《めまい》がしたから、病院へ行ってきた」という。

「お父さんに、私が倒れたらあなたがかわいそうだから、大事をとって病院で診てもらってくるね、って言ったの。そしたら、なんて言ったと思う？」

「え？〝そうだな、大事にしてくれ〟とか？」と私が答えたら、「違うわよ。〝いや、俺は大丈夫だ〟」。

……え。私は絶句してしまった。しかしまた、なんてことを言うんだろう、あの父は。

だから、と、母は明るく続けた。

「あ、そう。あなたは平気でも、伊保子が悲しむから、私は死ねないの。だからやっぱり、病院に行ってくる、って言ってやった。そしたら、お父さんも、そうだな、それを考えると俺も死ねないな、って言ってたわよ」

70代の夫婦のなんともずれてる、愉快な会話である。ひとしきり笑って電話を切った後、私は、泣いてしまった。「誰かがひたすら愛してくれた思い」を、私は、ずっと両親にもらい続けている。この深く温かい愛に、どうやったら、感謝を伝えられるのだろうか。

泣き終わった後、いつか私も息子に、こんな電話をかけようと思った。「あ、そう。あなたは平気でも、息子が悲しむから、私は死ねないの、って、パパに言ってやった」って。息子も、ひとしきり笑った後、しんみりするのかしらん。

息子へ、私は「誰かがひたすら愛してくれた思い」をあげ切れるだろうか。私の両親が溢れるほど、くれたみたいに。


いい脳とは、幸福な脳である。

親は子に、幸福になってもらったら、本望だ。

脳科学から見た、「幸福な脳」育ての極意は、とてもシンプルである。けれど、私自身、子育ての渦中にあるときは、それが見えなかった。

じつは、この本は、講談社のポータルサイトＭｏｕＲａで1年近く連載させていただいた、子育てブログ「こたつ亀親子のまどろみ日記」をきっかけに書き下ろしたものである。

我が家の息子も中学生になり、子育て論からもすっかり遠ざかっていたのだが、講談社の宮本雅代さんの熱心なお誘いで、再び「子育て」に立ち向かうことになった。

ブログの質問に触発されて、久しぶりに子育てのシーンをいろいろ思い出していたら、面白いことに、息子が「あ〜、あのときはね、こうだったんだ」と言って、子どもの視点からの解説をしてくれるようになったのである。興味深いことに、私たちの見解はかなり違った。

私が気にかかって忘れられずにいることを、彼がすっかり忘れていたり、私が気にも留めていなかったことで、彼がひそかに傷ついていたり……。この1年、二人で思い出をたくさん語り、何度笑ったり、涙ぐんだりしたかわからない。

この道のりで、私にもやっと「しあわせな脳」育てがすっきり見えてきたのだった。あー、こんな簡単なことだったのかとびっくりした。もちろん、私自身の子育てには、反省点が山ほどある。山ほどあるから、本にしたいと思った。今まさに、その最中にいるお母さんたちに届けたい。

とはいえ、私たち親子も、ブログ連載のおかげで、最後に帳尻を合わせることができたような気がする。まさに、人生のビッグ・ボーナス！　発案者の宮本雅代さんと、ブログ読者の皆様には、感謝してやみません。また、長い間の執筆を支えてくださった編集の田畑則重さん、真田恭江さん、ケイ・ライターズクラブ（現・ＫＷＣ）の梶原知恵さんに、この場を借りて深く感謝申し上げます。

執筆のパートナーになってくれた、息子の黒川悠輝にも、心からありがとうを。あなたがいなかったら、そもそも本書は存在しなかった。

そしてなによりも、この本を最後まで読んでくださったあなたに、心からの感謝を捧げます。本当に、本当に、ありがとう。子育て、どうか、楽しんでくださいね。

２０２３年のあとがき　～人工知能とともに生きる人類のための子育て本

生成ＡＩがさっそうと活躍し始めた２０２３年は、時代の大きな変換点にあたる。人類の存在意義（社会に必要とされる資質）が大きく見直される年となったからだ。

そんな２０２３年春、１通の手紙が私のもとに届いた。

阿蘇の文房具屋さんからで、内容は、私の『「しあわせ脳」に育てよう！』を長年お店に置いて、多くの人に勧めてきたのに、入荷ができなくなってしまった、というものだった。17年経って、最後の在庫が切れ、増刷ができない事態にあるという。

『夫婦のトリセツ』でお世話になった講談社の田中浩史さんにお話ししたら、「せっかくだから加筆修正して、２０２３年にふさわしいバージョンにして、新書で出しましょう」とおっしゃってくださって、この本ができあがった。

17年前の文章を整えている間にも、時代は、きしむような音を立てながら、ＡＩ時代にのめりこんでいった。

１９８３年、私は下働きのエンジニアとして、人工知能研究に容赦なく駆り出された。以降40年、人工知能と付き合いながら、母となり、祖母となった。——人工知能とともに生きる人類のための子育て本、ほかに誰が書ける？　そんな自負とともに、まさにＡＩ時代の幕開けに、あらためて子育て本を書ける喜びと誇りに、今、胸がいっぱいである。

阿蘇の松谷文華堂さんと田中さんに、心から感謝します。

今、私がネットで視聴している『ヤング・シェルドン』というアメリカのドラマの中で、ユダヤ教のラビが10歳の天才少年に言うセリフがある。——世を去るとき、神は、「アインシュタインのように生きたか」と尋ねはしない。「きみ自身を生きたか？」と聞くだろう。

ユダヤ系の科学者たちに憧れて、ユダヤ教に改宗したいと申し出た少年に、ラビは「親の宗派に留まりなさい。そして、人をまねるな」と一喝する。「アインシュタインに憧れているんだ」と重ねて主張する彼に、ラビは穏やかに先のセリフを告げたのである（気になる方は、シーズン２、17話をご覧ください）。

まぁ、背景には、テキサスという超保守的な土地で、バプテスト教会からユダヤ教に改宗するというのは大事件だという事情があり、それを、何とか阻止しようとするラビの苦肉の策として描かれていたんだけど……それでも、私は、このセリフにはっとした。まさにその通りだと思うから。

だって、私たちの脳は、この宇宙にたった一つの装置なのである。その創生から終焉までの膨大な時空の中で、二つと同じ回路装置はない。だとしたら、「一般的な理想像（ジェネラル）」を生きるために、ここにいるはずがない。それが脳の目的なら、とっくにみんなジェネラルに進化しているはずだもの。

唯一の装置として生きる以上、その脳にしか見えないものを見、感じられないことを感じ、その脳にしか残せないことを残すために、ここにいるのに違いない。それが、私の研究＝脳機能論からの結論でもある。

だとするならば、人工知能時代は、まさに、ヒトの脳の真骨頂を体感するための時代である。ヒトの脳は「自分らしさ」を満喫して、その人にしか出せない素敵な答えをＡＩから引き出せばいいのだから。

ね？　ここまで読んできたら、「お行儀が良くて、お片付けができて、成績がいい子」

なんて目標、どっかにすっとんじゃったでしょ?

２００６年のあとがきを読んで、私はひとしきり温かい気持ちになった。10年前に父を送り、今年、母を送った。その二人の、まだ元気だったころのやり取りが、ひととき、私を照らしてくれたから。

不思議なことに寂しくはなかった。親は、亡くなっても傍にいてくれるから。よく言われることだけど、２００６年のあとがきを読んだとき、私は初めてそれを実感した。思い出が寂しくないのだもの。きっと、脳の中にいるんだろう。遺伝子の中に、記憶の深層に。親とは、本当に特別な存在だ。

息子は、私を、その特別な存在にしてくれた。

昨年（２０２２年）、その息子夫婦に、男の子が生まれた。

息子は私の一部だったけど、孫は、小さな一個人として、私の前に現れた。高々１００年の地球旅にやってきた、無垢《むく》な魂。まるで、砂漠で出会った星の王子さまのように見えた。

ただただ、この地球を楽しんでほしい、あなたらしい人生を生きてほしい。私の願いはそれだけだ。

ようこそ地球へ。

この本を読んでくれたあなたに、そして、あなたの大切ないのちにも、このことばを贈ります。私たちはみな、地球というアトラクションを楽しみにやってきた旅人である。この旅の終わりに、「あなたらしく楽しみましたか？」と聞かれて、大きくうなずけますように。他者の承認や賞賛を求めるあまり、自分らしさを見失うことなどありませんように。

自分らしく生きる……人生の真髄も、子育ての真理も、案外、そんなところにあるんじゃないかしら。

中秋の満月の晩に、「あれを触りたい」と手を伸ばす孫と一緒に

黒川伊保子

JASRAC出 2308735-301

本書は『「しあわせ脳」に育てよう!』(小社刊、2006年)を大幅に加筆・修正したものです。

黒川伊保子

1959年、長野県生まれ。人工知能研究者、脳科学コメンテイター、感性アナリスト、随筆家。奈良女子大学理学部物理学科卒業。コンピュータメーカーでAI（人工知能）開発に携わり、脳とことばの研究を始める。1991年に全国の原子力発電所で稼働した、〝世界初〟と言われた日本語対話型コンピュータを開発。また、ＡＩ分析の手法を用いて、世界初の語感分析法である「サブリミナル・インプレッション導出法」を開発し、マーケティングの世界に新境地を開拓した感性分析の第一人者。著書に『妻のトリセツ』『夫のトリセツ』『夫婦のトリセツ　決定版』（いずれも講談社＋α新書）、『人間のトリセツ――人工知能への手紙』（ちくま新書）、『「話が通じない」の正体―共感障害という謎―』（新潮文庫）など多数。

講談社＋α《プラスアルファ》新書　800-4 A

子《こ》どもの脳《のう》の育《そだ》て方《かた》

ＡＩ時代を生き抜く力

黒川伊保子《くろかわいほこ》

2023年12月12日第1刷発行

発行者――――高橋明男

発行所――――株式会社 講談社

東京都文京区音羽2-12-21 〒112-8001

電話　編集（03）5395-3522

販売（03）5395-4415

業務（03）5395-3615

デザイン――――鈴木成一デザイン室

カバー印刷――――共同印刷株式会社

印刷――――株式会社新藤慶昌堂

製本――――牧製本印刷株式会社

KODANSHA

定価はカバーに表示してあります。

落丁本・乱丁本は購入書店名を明記のうえ、小社業務あてにお送りください。

送料は小社負担にてお取り替えします。

なお、この本の内容についてのお問い合わせは第一事業本部企画部「＋α新書」あてにお願いいたします。

Printed in Japan

ISBN978-4-06-534461-3